Software-Projektmanagement
kompakt

Springer
Berlin
Heidelberg
New York
Barcelona
Budapest
Hongkong
London
Mailand
Paris
Santa Clara
Singapur
Tokio

Ian W. Ricketts

Software-
Projektmanagement
kompakt

Für Studium und Praxis

Springer

Dr. Ian W. Ricketts
The University of Dundee
Department of Mathematics and Computer Science
The Micro Centre, Dundee DD1 4HN
United Kingdom

Originally published in English under the title:
Managing Your Software Project *by Ian W. Ricketts*
© *Springer-Verlag London Limited 1997*
All Rights Reserved

ISBN 3-540-63748-6 Springer-Verlag Berlin Heidelberg New York

Die Deutsche Bibliothek-Cip-Einheitsaufnahme
Ricketts, Ian W.:
Software-Projektmanagement kompakt / Ian W. Ricketts. Aus dem Engl. übers. von
G&U Technische Dokumentation. - Berlin; Heidelberg; New York; Barcelona; Budapest; Honkong; London; Mailand; Paris; Santa Clara; Singapur; Tokio: Springer, 1998
Engl. Ausg. u.d.T.: Ricketts, Ian W.: Managing your software project
ISBN 3-540-63748-6

Übersetzung, Texterfassung + Umbruch: G&U Technische Dokumentation, Flensburg
Umschlaggestaltung: Künkel+Lopka, Heidelberg
SPIN 10646280 33/3142 – 5 4 3 2 1 0 – Gedruckt auf säurefreiem Papier

Vorwort

Über dieses Buch

Ich habe dieses Buch geschrieben, um Studenten, die vor der Aufgabe stehen, ihr erstes Softwareprojekt zu entwickeln, eine Hilfestellung zu geben. Es soll ihnen bei der Organisation ihrer Arbeit helfen, um das gesetzte Ziel optimal zu erreichen.

Meine Hilfestellung basiert auf der Erfahrung, die ich im Verlauf der letzten zehn Jahre in der Unterstützung von über 50 erfolgreichen Studentenprojekten sowohl in den Ingenieurwissenschaften als auch in der Informatik gesammelt habe. Die Dauer der Projekte variierte von einfachen Semesterprojekten mit einer Dauer von 120 Stunden über Examensprojekte von 800 Stunden bis hin zu Promotionsverfahren mit einer Dauer von 5000 Stunden.

Ich habe die Erfahrung gemacht, daß fast alle Studenten mehr oder weniger über das technische Wissen verfügen, um die ihnen gestellten Aufgaben zu lösen. Eine große Anzahl von ihnen verfügt aber nicht über das dazugehörige organisatorische Basiswissen. Wenn sie erst einmal in die Grundlagen der Projektverwaltung eingeführt worden sind, sind die Studenten in der Lage, ihre eigenen Fortschritte zu überwachen. Zudem können sie sich wesentlich besser den technischen Herausforderungen stellen, die ihnen zwangsläufig begegnen. Natürlich können Erfahrungen nur am eigenen Leib gemacht werden, dennoch ist es mit einer erfahrenen Hilfestellung wahrscheinlicher, die angestrebten Ziele zu erreichen. Ich habe versucht, die Hilfestellungen in diesem Buch zusammenzufassen. Es enthält Ratschläge zur Lösung organisatorischer Aufgaben, die allen Projekten gemeinsam sind, so daß Sie Ihr Projekt erfolgreich abschließen können.

Dieses Buch kann einem unerfahrenen Projektbetreuer ebenfalls als Hilfestellung dienen, wenn er nach neuen Ansätzen für die Projektbetreuung sucht.

Die zugrundeliegende Idee ist die, daß ein Stundent, der seine Arbeit optimal steuert, das gewünschte Ziel besser erreichen kann. Ich hoffe, daß dieses Buch dabei hilft.

Über den Autor

Ian Ricketts hat Elektrotechnik, Betriebswirtschaft und Informatik an der Universität Dundee studiert. Anschließend hat er bei Reuters in London an der Entwicklung eines Preisberichtssystems gearbeitet. Schließlich wechselte er zu NCR nach Dundee, wo er für die Softwareentwicklung für Geldautomaten verantwortlich zeichnete.

Ab 1980 hielt er an der Universität Dundee Vorlesungen in den Bereichen Elektrotechnik und Elektronik. Er weitete seine Vorlesungen auf die Bereiche Mathematik und Angewandte Informatik aus.

Ricketts Forschungsinteressen liegen im Einsatz von Computern zur Unterstützung des Menschen. Er ist Autor und Mitautor von mehr als 100 Zeitschriftenartikeln und Tagungsbeiträgen und hält diverse Softwarelizenzen und Patente, die von Firmen in Großbritannien und den USA übernommen wurden. Er hat über 50 Studentenprojekte mit einem Forschungsmitteleinsatz von über 1,8 Millionen Pfund Sterling betreut.

Zur Zeit ist er unter anderem in der Softwareentwicklung für ein europäisches intelligentes Textverarbeitungssystem tätig und entwickelt ein System zur Therapieunterstützung von Asthmapatienten, ein System zur effektiven Archivierung und Analyse von Daten im Bereich der Zahnmedizin und computerbasierte Lernsysteme für körperlich Behinderte.

Inhaltsverzeichnis

1 Einführung

Die Aufgabe einer Karte vor der Tür eines Restaurants ist es, Sie zum Eintreten zu überreden. Die Entscheidung liegt dennoch letztendlich bei Ihnen.

1.1
Profil des erwarteten Lesers

Als ich dieses Buch schrieb, hatte ich den folgenden Leser vor Augen:

1. Sie sind ein Student oder eine Studentin, der oder die das Projekt einer Softwareentwicklung vor sich hat.
2. Sie haben die Hilfe eines erfahrenen Projektbegleiters, der Sie in den meisten Aspekten des Projektes unterstützen kann. Sie wollen außerdem die Möglichkeit haben, in die Verwaltung Ihres Projektes eingreifen zu können. Deshalb möchten Sie sich im Vorfeld informieren.
3. Sie haben einige Erfahrung im Bereich der Softwareentwicklung, allerdings wenig oder gar keine Erfahrung im Bereich des Projektmanagements und wollen das ändern.
4. Ihnen liegen gewisse Projektrichtlinien vor, die Ihnen in Ihrem Seminar gegeben wurden. Diese beschreiben den Fortgang des Projektes, lassen aber dennoch einige Fragen offen.
5. Sie sind bereit, zwei bis drei Stunden für das Lesen dessen aufzubringen, was der Autor zu vermitteln hat. Sie haben vor, alle neu gewonnenen Informationen mit der Hilfe Ihres Projektbegleiters und unter Berücksichtigung der Richtlinien in das Projekt einzubringen, um das Projekt so besser zum Abschluß zu bringen.

Wenn Sie sich hier wiederfinden, werden Sie dieses Buch als passend und hilfreich empfinden. Ist dies nicht der Fall, sollten Sie ein wenig weiter durch die Reihen der Regale streifen und ein anderes Buch suchen.

1.2
Profil des Buchinhalts

Dieses Buch enthält neben dieser Einleitung sechs weitere Kapitel. Sie sollten für das Lesen jedes Kapitels nicht mehr als 30 Minuten benötigen, ein Zeitraum, von dem ich hoffe, daß er sich für Sie rentiert. Die Hilfestellungen jedes Kapitels sollten Sie mit dem Gerüst versehen, mit dessen Hilfe Sie Ihr Projekt aufbauen können. Wie bei allen Ratschlägen sollten Sie auch diese unter dem Licht Ihrer eigenen Erfahrungen kritisch beleuchten und sie mit den Ratschlägen anderer kombinieren, um so das Fundament für Ihr Projekt zu schaffen.

In Kapitel 2 erläutern wir, wie der Plan für Ihr Projekt aufgestellt wird. Das Anfangsbeispiel, das auf einem einzelnen Zyklus der Softwareentwicklung aufbaut, verfeinern wir zu einer zweistufigen Form. Sie sollten allerdings nicht annehmen, daß es sich bei allen Projekten um zweistufige handelt. Dennoch können Sie Ihren eigenen Plan darauf aufbauen. Das Kapitel enthält ein Beispiel eines Projektplans, der mit Microsoft Project erstellt worden ist.

In Kapitel 3 werden unter dem zusammenfassenden Begriff Ressourcen verschiedene Themen vorgestellt. Dazu gehören das Führen von Aufzeichnungen, das optimale Ausnutzen der Anweisungen Ihres Projektbegleiters, die Weitergabe von Informationen an diejenigen, für die diese Informationen von Interesse sein könnten, das Verhalten beim Vorstellen Ihrer Arbeit vor anderen und der Umgang mit Leistungsdruck. Sie denken vielleicht, daß es überflüssig ist, über diese Themen zu reden, ich meine jedoch, daß es für das Gelingen eines Projektes notwendig ist, diese Dinge von Anfang an zu berücksichtigen. Allgemeiner ausgedrückt glaube ich, daß das Lösen dieser eher technischen Aufgaben nur ein (kleinerer) Teil für das Erstellen einer erfolgreichen Lösung ist.

In Kapitel 4 beschreiben wir das Zusammenstellen Ihrer Forschungsdatenbank. Dazu gehören der Kontakt mit anderen Entwicklern sowie deren Unterstützung, das Nutzen von Bibliotheksdiensten und das

Erforschen der Ressourcen des Internet wie E-Mail, WWW, Newsgroups sowie das Herunterladen der Arbeit von Mitarbeitern aus Software- und Datenarchiven.

In Kapitel 5 konzentrieren wir uns auf die Werkzeuge zur Berichterstellung. Dazu gehört das Erlernen des Zehnfingersystems. Wir stellen verschiedene Textverarbeitungen mit Beispielen vor und konzentrieren uns dabei auf Microsoft Word. Weiter beschäftigen wir uns mit dem Erstellen von Inhaltsverzeichnissen und Schlagwortregistern. Zusätzlich beschreiben wir das Erzeugen verschiedener Diagramme und Zeichnungen sowie das Einbinden mathematischer Formeln. Nach Abschluß dieses Kapitels sollten Sie einen Überblick darüber haben, was Ihnen für das Erstellen und Zusammenfügen Ihres Projektberichts zur Verfügung steht.

In Kapitel 6 beschäftigen wir uns eingehender mit dem Verfassen Ihres Berichts. Dies umfaßt eine mögliche Struktur für die Kapitel und Anhänge sowie Strategien zur Verbesserung ihrer Schreibfähigkeiten.

Schließlich stellen wir in Kapitel 7 jede Phase der Softwareentwicklung vom Formulieren der Anforderungen über das schnelle Prototyping, das Überprüfen der Anforderungen, ein ausführliches Design, Überarbeitungen des Entwurfs, dem Programmieren der Software, der Überprüfung jeder Projektstufe einschließlich der verschiedenen Aspekte wie dem Testen einzelner Module bis hin zur Benutzerakzeptanz vor.

1.3
Die drei Aufgaben des Managements

Das Management von Projekten besteht grundsätzlich betrachtet aus einer kontinuierlichen Folge von drei Aktivitäten: Planung, Ausführung und Überwachung. Die Planung, auf die im folgenden Kapitel eingegangen wird, legt fest, was Sie tun und wie lange Sie dafür benötigen. Die Ausführung setzt den gefaßten Plan um. Die Überwachung umfaßt das Prüfen der Ausführung unter Berücksichtigung des Plans und dessen Anpassung, falls es zu Abweichungen kommen sollte.

Die Planausführung entspricht im Grunde genommen dem Kochen nach einem bekannten Rezept. Sie sind der Küchenchef. Alle Zutaten sowie Küchengeräte liegen bereit, und alles klappt so, wie es im Rezept beschrieben steht. Sie kochen das Gericht in zulässiger Zeit, und es schmeckt annehmbar.

So sieht die Ausführung eines optimalen Projektplans aus. Stellen Sie sich nun vor, Sie müssen ein Gericht mit ungewohnten Zutaten kochen, sei es z.B. ein ganzes Schwein, Brotfrüchte und exotisches Gemüse. Zusätzlich müssen Sie in ungewohnter Weise kochen, etwa über offenem Feuer und mit Tongefäßen. Es wird von Ihnen erwartet, daß Sie nach Rezept kochen und ein Abendessen für 30 Leute anrichten, die in 24 Stunden mit knurrendem Magen vor Ihnen stehen. Dieses Bild entspricht eher dem Management eines Softwareprojekts.

Ich hoffe, daß die in den folgenden Kapiteln vorgestellten Informationen Sie in die Lage versetzen, die Aufgaben zu meistern, die bei der Verwaltung eines Softwareprojekts auf Sie zukommen.

2 Erstellung eines Plans

Planung – ein leeres Blatt Papier, und alles ist möglich.

Der Ablauf eines Projektes ist in weiten Teilen voraussehbar und kann deswegen gesteuert werden. Es umfaßt verschiedene Standardaufgaben, die aufeinander folgen. Sie können die für jede Aufgabe benötigten Ressourcen schätzen und dementsprechend planen. Nichts anderes macht ein erfahrener Projektmanager, und auch Sie werden nach Abschluß Ihres Projektes dazu in der Lage sein.

In diesem Kapitel werden Sie die verschiedenen Aufgaben kennenlernen, die während eines Softwareprojekts anfallen. Sie erfahren, wie man den Aufwand für das Lösen dieser Aufgaben schätzt und somit zu einer Problemlösung kommt. Dieser Lösungsvorschlag wird in einem Projektplan zusammengefaßt.

2.1
Ermittlung der Tätigkeiten bei einem Softwareprojekt

Die umseitige Tabelle enthält die im klassischen „Wasserfall-Modell" eines Softwareprojekts [Schach93] definierten Aufgaben sowie die Dokumente, die im Laufe der Tätigkeit erstellt werden.

Das Erstellen und die Abnahme (durch den Projektbegleiter) eines Dokuments zeigt an, daß diese Projektphase abgeschlossen ist. Abgabe und Abnahme von Dokumenten sind sinnvolle Einschnitte, an denen Sie den Fortgang Ihres Projekts ablesen können.

Tätigkeit	Dokument
1. (Start)	Anforderungsdefinitionen
2. Anforderungsanalyse	Anforderungsspezifikation
3. Entwurf	Entwurfsvorgaben
4. Implementierung	Implementierungsvorgaben
5. Tests	Testvorgaben, Testaufzeichnungen
6. Betrieb und Wartung	Benutzerhandbuch

2.2
Ermittlung des Entwicklungsaufwands in den einzelnen Phasen

Ein Projektprotokoll beschreibt den Ablauf der Vorgänge in einem Projekt. Dazu gehört die Aufzeichnung des für die einzelnen Tätigkeiten eingesetzten Aufwands. Durch das Bewerten mehrerer Projektprotokolle können Sie immer bessere Schätzungen für ähnliche Aufgaben in Folgeprojekten abgeben.

Das Vertrauen auf die auf vorhergehende Protokolle basierenden Schätzungen muß dahingehend geschmälert werden, daß kein Softwareprojekt dem anderen gleicht und die scheinbar kleinen Abweichungen in den Projektanforderungen zu deutlichen Unterschieden beim jeweiligen Aufwand führen können. Wenn Sie keinen Zugriff auf die Protokolle früherer und ähnlicher Projekte haben, nehmen Sie als Anhaltspunkt die Schätzwerte aus Abbildung 2.1.

Beachten Sie, daß es sich lediglich um Schätzwerte handelt und dementsprechend der tatsächliche Aufwand sorgfältig überwacht werden muß. Bei deutlichen Abweichungen sollten Sie den Aufwand für Folgeaufgaben anpassen, wenn der Abschluß des Projektes (wie z.B. die Abgabe eines vollständigen Projektberichts) zum geplanten Datum erfolgen soll.

Sie sollten mit den Vorschlägen aus Abbildung 2.1 beginnen und ggf. den Aufwand nach Rücksprache mit Ihrem Projektbetreuer anpassen.

Projektaufwand

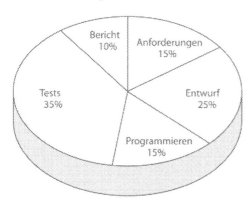

Bericht
10%

Anforderungen
15%

Tests
35%

Entwurf
25%

Programmieren
15%

Abb. 2.1.
Aufteilung des Aufwands
zwischen den verschiede-
nen Projektaufgaben

Als nächstes sollten Sie zusammen mit Ihrem Projektbetreuer das Anfangs- und Enddatum für Ihr Projekt festlegen. Da Sie der einzige Softwareentwickler des Projektes sind, stellt der Zeitraum zwischen diesen Terminen den maximalen Aufwand (an Arbeitswochen) dar, den Sie in das Projekt investieren können. Wenn Sie nicht ganztags an dem Projekt arbeiten können, weil z.b. Vorlesungen den Vormittag belegen, müssen Sie den verfügbaren Aufwand entsprechend anpassen.

2.2.1
Zeitplan für das Projekt

Lassen Sie uns annehmen, daß Sie für Ihr Projekt 20 Wochen Zeit haben und sich ganztags darum kümmern können (d.h. 20 Arbeitswochen an Aufwand). Wenn wir die Aufteilung des Aufwands aus Abbildung 2.1 zugrunde legen, stellt sich der anfängliche Projektzeitplan wie in Abbildung 2.2 dar.

Das Diagramm des Projektzeitplans zeigt, daß die Analyse der Projektanforderungen am Ende der dritten Woche abgeschlossen sein sollte. Der Entwurf umfaßt laut Plan fünf Wochen und ist am Ende der achten Woche abgeschlossen. Die Programmierung sollte am Ende der 11. Woche, das Testen am Ende der 18. Woche abgeschlossen sein,

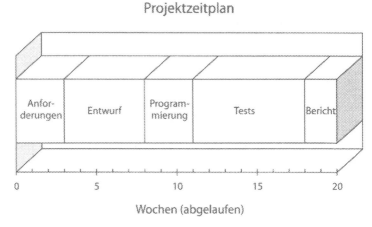

Abb. 2.2. Der anfängliche Projektzeitplan

und das abschließende Erstellen des Berichts wird bis zum Ende der 20. Woche dauern.

Wenn Sie den einzelnen Tätigkeiten Zeiträume zugewiesen haben, haben Sie auch schon mit dem Management begonnen. Sie denken zielgerichteter: „Nun, ich habe nur drei Wochen für das Formulieren der Anforderungen und deren Niederschrift! Zunächst muß ich die Anforderungen formulieren, dann benötige ich einen Tag für das erste Meeting, dann zwei Tage für das Dokumentieren, danach werde ich..." Sie können Ihren Plan nun verfeinern, wie Sie es bei einem Entwurf für ein Programm auch tun würden, indem Sie Details realisieren. Dann können Sie Ihre Fortschritte mit dem Plan vergleichen und sich ggf. Gedanken darüber machen, wie Sie mit den Abweichungen vom Plan umgehen.

Inzwischen stecken Sie knietief im Management Ihres Projekts.

2.3
Eine andere Aufteilung des Aufwands

Der in Abbildung 2.2 gezeigte Plan wird vor Ende der 18. Woche keine lauffähige Lösung liefern. Sie befinden sich dann zwei Wochen vor Abschluß des Projektes, und es wäre relativ spät, um zu erkennen, daß der Fortgang zwar planmäßig verlief, das Ergebnis aber nicht den Anforderungen des Kunden entspricht. Sie sollten über einen zweistufigen Ansatz nachdenken, bei dem Sie wie vorher auch die Anforderungsphase abschließen, indem Sie die Anforderungsvorgaben definieren. Dem folgen zwei Zyklen von Entwurf – Programmierung – Test – Bericht. Wie Sie in Abbildung 2.3 sehen können, ist die erste Phase kürzer als die zweite.

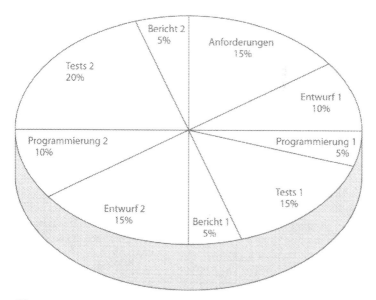

Abb. 2.3.
Die Aufteilung des Projektaufwandes bei einer zweistufigen Entwicklungsphase

Der zweistufige Ansatz bietet einige Vorteile:

- Sie haben früh Gelegenheit, Ihren Plan zu prüfen und einzuschätzen.

- Sie erzeugen einen Prototypen für Ihren Kunden, den er prüfen und kommentieren kann, und haben so die Möglichkeit, in der zweiten Stufe Verbesserungen vorzunehmen.

- Wesentlich wichtiger ist jedoch, daß der zweistufige Ansatz Ihnen die Möglichkeit gibt, aus einer kurzen Erfahrung der jeweiligen Projektphase zu lernen, und Sie dennoch Zeit und Gelegenheit haben, das Gelernte anzuwenden.

2.3.1
Zeitplan für eine zweistufige Entwicklung

Unter der Annahme, daß der Projektaufwand auf 20 Wochen verteilt wird, entspricht der alternative Projektzeitplan Abbildung 2.4.

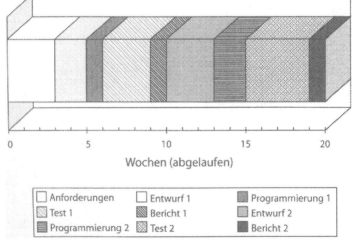

Abb. 2.4. Projektzeitplan für eine zweistufige Entwicklung

2.4
Umsetzung des Aufwands in Produktionsschritte

Nachdem Sie sich über das Datum für den Projektabschluß und die Anzahl der an dem Projekt beteiligten Personen geeinigt haben, können Sie die Größe der Lösung berechnen, die unter diesen Vorgaben erstellt werden kann. Nachdem Sie den Aufwand in Arbeitswochen abgeschätzt haben, können Sie diese in Arbeitstage umrechnen. Sie sollten ein Maximum von fünf Arbeitstagen und 8 Arbeitsstunden pro Tag nicht überschreiten. Durch das Ansetzen dieser Zahlen bauen Sie sich ein integriertes Kontingent auf, durch das Sie ungeplante Aktivitäten und/oder ungenaue Schätzungen auffangen können.

2.4.1
Schätzung der Zeilenanzahl im Quelltext

Sie sollten in der Lage sein, ungefähr 60 Zeilen kommentierten Quelltext am Tag zu erstellen. Dabei gilt die Annahme, daß es sich bei dem ausführlichen Entwurf und dem Testen bzw. der Fehlersuche um eigene Aktivitäten handelt. Wenn wir also ein Projekt mit einer Dauer von 20 Wochen Vollzeit und der Zeitplanung aus Abbildung 2.4 voraussetzen, wird die Programmierung in drei Arbeitswochen oder 15 Arbeitstagen abgeschlossen. Diese Zahlen ergeben ein Maximum von 900 Zeilen Quelltext.

Keines der Module sollte länger als ca. 50 Zeilen sein. Also ergeben die 900 Zeilen Quelltext ein Minimum von 18 eigenständigen Modulen.

2.4.2
Aufwandsabschätzung für ein ausgereiftes Design

Während der Designphase erstellen Sie auf Grundlage des in den Anforderungsvorgaben formulierten Problems einen Entwurf für das Systemdesign einschließlich der erforderlichen Datenstrukturen. Normalerweise enthält das Design einen Top-Down-Ansatz und eine schrittweise Verfeinerung. In der letzten Stufe des Entwurfs entspricht eine Anweisung des Entwurfs einer Zeile des Quelltextes. Der Designvorgang wird später in einem Kapitel zur Softwareentwicklung beschrieben.

Bei einem Projekt von 20 Wochen Dauer würde die Designphase fünf Arbeitswochen oder 25 Arbeitstage an Aufwand belegen. Sie können voraussetzen, daß Sie ungefähr 40 Zeilen des Designs am Tag erstellen, so daß Sie in der Lage sind, in den 25 Arbeitstagen ein Design von 900 Zeilen zu entwerfen.

2.4.3
Aufwandsabschätzung für den Projektbericht

Sie können voraussetzen, daß Sie etwa zehn Seiten des Berichts am Tag schreiben werden. Diese Menge ist deswegen realistisch, weil sich das Schreiben des Berichts größtenteils auf das Zusammenfügen der bereits gesammelten Informationen beschränkt.

Demnach sind Sie bei einem Projekt mit einer Dauer von 20 Wochen und einer Zeitspanne von zwei Wochen für das Erstellen des Berichts in der Lage, ein Dokument mit einer Länge von ca. 100 Seiten zusammenzustellen.

2.4.4
Aufwandsabschätzung zum Testen der Projektsoftware

Fehlerhafte Software wird oft als unzuverlässig betrachtet und deshalb nicht verwendet. Das Testen und die Fehlersuche sind daher sehr wichtig, und ein beträchtlicher Anteil Ihres Aufwands sollte darauf verwendet werden. Ich empfehle, daß ungefähr 35 % des Gesamtaufwands für das Projekt durch das Testen belegt sein sollten.

Bei einem Projekt mit einer Dauer von 20 Wochen ergibt dies einen Aufwand von 7 Arbeitstagen. Da wir ein Minimum von 18 Modulen produzieren werden, haben Sie im Schnitt pro Modul zwei Tage Zeit. In diesen zwei Tagen müssen Sie den Test definieren, durchführen und dokumentieren sowie die gefundenen Fehler entfernen.

2.5
Einteilung der Komponenten und Meilensteine

Nachdem Sie die Zeitpläne für jede Phase Ihres Projektes festgelegt haben, besteht Ihr letzter Schritt in der Vervollständigung des Entwicklungsplans sowie der Zielfestlegung. Die Ziele von Softwareprojekten bestehen normalerweise aus erstellten Modulen oder verfaßten Dokumenten.

Vollständige Dokumente mit ihren Abgabedaten stellen hervorragende Meilensteine dar, da sie bereits auf Vollständigkeit geprüft werden können und im Gegensatz zu Softwaremodulen greifbar sind. Bei Annahme einer zweistufigen Entwicklung umfaßt das Projekt die folgenden Tätigkeiten und die folgenden zugehörigen Ziele:

Projektaktivitäten	Projektziele
	Formulierung der Anforderungen
Anforderungsanalyse	Anforderungsvorgaben
Stufe 1	
Entwurf	Entwurfsvorgaben für Stufe 1
Implementierung	Implementierungsvorgaben und Softwaremodule für Stufe 1
Tests	Testvorgaben für Stufe 1
	Testberichte für Stufe 1
Bericht	Bericht für Stufe 1
Stufe 2	
Entwurf	Entwurfsvorgaben für Stufe 2
Implementierung	Implementierungsvorgaben und Softwaremodule für Stufe 2
Tests	Testvorgaben für Stufe 2
	Testberichte für Stufe 2
Bericht	Bericht für Stufe 2
(Betrieb & Wartung)	Benutzerhandbuch

Abb. 2.5. Tätigkeiten und Ziele für ein zweistufiges Projekt

Unter Verwendung der vorher vorgeschlagenen Zeitpläne sind Sie nun in der Lage, einen Entwurf für einen Projektplan zu erstellen, der die Entwicklungstätigkeiten, alle Ziele und ausgewählte Meilensteine enthält. Im folgenden finden Sie einen Entwurf für einen 20-wöchigen Projektplan:

Projekttätigkeit		Meilenstein	
	Dauer (Anzahl Wochen)	Projektziele	letzte Woche
	0	Formulierung der Anforderungen	0
Anforderungsanalyse	1–3	Anforderungsvorgaben	3
Stufe 1			
Entwurf	4–5	Entwurfsvorgaben für Stufe 1	5
Implementierung	6	Implementierungsvorgaben und Softwaremodule für Stufe 1	6
Tests	7–9	Testvorgaben für Stufe 1	7
		Testberichte für Stufe 1	9
Bericht	10	Bericht für Stufe 1	10
Stufe 2			
Entwurf	11–13	Entwurfsvorgaben für Stufe 2	13
Implementierung	14–15	Implementierungsvorgaben und Softwaremodule für Stufe 2	15
Tests	16–19	Testvorgaben für Stufe 2	16
		Testberichte für Stufe 2	19
Bericht	20	Bericht für Stufe 2	20
(Betrieb & Wartung)		Benutzerhandbuch	

Abb. 2.6. Entwurf eines Projektplans für ein zweistufiges Projekt

2.6
Prüfung Ihres Projektplans

Gehen Sie den Entwurf Ihres Projektplans mit Ihrem Projektbetreuer durch. Beachten Sie dabei besonders die Bewertung für die Produktivitätsstufen in den verschiedenen Phasen und die Einteilung des Aufwands in den Phasen. Beachten Sie alle Anregungen Ihres Projektbetreuers, und ändern Sie den Plan entsprechend den Revisionsergebnissen des Plans.

2.7
Werkzeug zur Pflege Ihres Projektplans

Ihr Projektplan bildet die Grundlage für regelmäßige Treffen mit Ihrem Projektbetreuer, wobei die Vorgaben und Ihre geplanten Termine zur Überwachung des Projektfortgangs verwendet werden. Es ist unvermeidlich, daß Teile des Projekts nicht wie geplant durchgeführt werden, und dementsprechend muß der Plan angepaßt werden. Um diese Änderungen einfach durchführen zu können, bietet es sich an, daß Sie eines der vielen verfügbaren Softwarewerkzeuge zur Erledigung dieser Aufgabe einsetzen. In Abbildung 2.7 sehen Sie einen zweistufigen Projektplan mit einem Umfang von 20 Wochen. Er wurde mit Microsoft Project erstellt, das für PCs verfügbar ist.

Bei all den zuvor angesprochenen Plänen wird davon ausgegangen, daß Sie das Wasserfall-Modell einsetzen, und es gibt viele Softwareentwickler, die sich mit Ihnen darüber streiten würden. Wichtig ist jedoch nur, daß Sie sich für ein Modell entscheiden und es in Zusammenarbeit

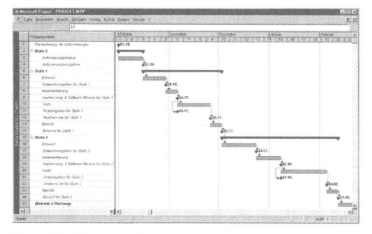

Abb. 2.7. Beispiel für einen Projektplan

mit Ihrem Projektbetreuer an Ihre Bedürfnisse anpassen. Dann erstellen Sie mit Hilfe des Modells einen Plan mit den zugehörigen Terminen und verwalten das Projekt mit Hilfe dieser Termine. Das Ziel ist nicht das Erstellen eines perfekten Modells, sondern das Erstellen eines guten Plans und das Verwalten Ihres (fast) perfekten Projektes mit Hilfe dieses Plans.

3 Zusammenführen der Ressourcen

Vorbereitung ist eine Investition,
die sich immer auszahlt.

Im vorherigen Kapitel sind Sie mit den praktischen Aspekten der Planung Ihres Softwareprojektes vertraut gemacht worden. In diesem Kapitel erkunden wir die ebenso wichtigen Komponenten, die zum Aufbau eines erfolgreichen Projektes notwendig sind. Dazu gehören das Führen von Aufzeichnungen, eine effektive Kommunikation mit Ihrem Projektbetreuer, die Öffentlichkeitsarbeit, das Vorbereiten auf mündliche Prüfungen und der Umgang mit Streß.

3.1
Führen Sie Aufzeichnungen

Sie werden im Verlauf Ihres Projektes eine große Menge an Informationen aus einer großen Spannweite von Quellen beziehen. Gewöhnen Sie es sich an, Aufzeichnungen in einer Projektkladde zu führen. Verwenden Sie die Aufzeichnungen, um u.a. folgende Informationen festzuhalten:

Referenzen	Erste Softwareentwürfe
Neue Ideen	Ansprechpartner
Termine	Notizen zu Besprechungen
usw.	

Wenn Sie dann auf der Suche nach bestimmten Informationen sind, von denen Sie wissen, daß Sie diese bereits erarbeitet haben, müssen Sie keine losen Blattsammlungen an Ihren verschiedenen Arbeitsplätzen durchsuchen.

Ihre Projektkladde wird so zu einem wertvollen Begleiter. Sollten Sie die Kladde einmal verlegen, so ist es sinnvoll, sie vorher wie folgt gekennzeichnet zu haben:

Ihr Name
Ihre Adresse im Institut
Ihre Telefonnummer im Institut

Legen Sie Ihrer Kladde einen an Sie adressierten Umschlag bei, der groß genug ist, um sie aufzunehmen. Weiter machen Sie an einer gut sichtbaren Stelle kenntlich, daß der Finder der Kladde bei deren Rücksendung eine Belohnung erhält.

3.2
Sprechen Sie mit Ihrem Projektbetreuer

Ihr Projektbetreuer trägt wesentlich zum Gelingen des Projektes bei, da er über umfangreiche technische und organisatorische Erfahrungen verfügt. Je mehr Sie ihn in das Projekt einbinden, desto wahrscheinlicher ist es, daß die Kombination aus seiner Erfahrung und Ihrer Arbeit eine zufriedenstellende Lösung produziert.

Ein Problem ist, daß Ihr Projektbetreuer sich ohne Zweifel noch um andere Dinge kümmern muß. Diese anderen Aufgaben nehmen 95 % seiner Zeit ein. Also sollten Sie die verbleibenden 5 % optimal nutzen und alles daran setzen, Ihren Projektbetreuer zu informieren, zu interessieren und in den Fortgang des Projektes einzubinden. Die Kommunikation mit Ihrem Projektbetreuer sollte dementsprechend effektiv *und* effizient sein.

3.2.1
Liefern Sie regelmäßig Lageberichte

Ihr Projektbetreuer wird wenig Zeit haben, also gestalten Sie seine Aufgabe einfacher – halten Sie ihn mit Hilfe von Lageberichten auf dem laufenden, die er vor angesetzten Meetings erhält. Diese Lageberichte sollten immer eine Zusammenfassung enthalten. Die in Ihren Lageberichten zusammengefaßten Informationen stellen einen Teil Ihres späteren Projektberichts dar.

3.2.2
Organisieren Sie Projekt-Meetings

Sie sollten anfangs ein wöchentliches Meeting von einer Stunde Dauer einplanen. Wenn sich das Projekt dann gemäß Ihrem Plan entwickelt, können Sie das Intervall auf 14 Tage verlängern.

Beginnen und beenden Sie die Meetings pünktlich. Sollten Sie sich verspäten, so lassen Sie dies Ihren Projektbetreuer rechtzeitig wissen, und einigen Sie sich auf einen neuen Termin. Legen Sie am Anfang jedes Meetings dessen Ende fest, und einigen Sie sich auf eine Tagesordnung. Eine typische Tagesordnung könnte wie folgt aussehen:

1. Eine Zusammenfassung des letzten Meetings
2. Der Projektfortgang
3. Geplante Schritte
4. Verschiedenes
5. Datum und Uhrzeit für das nächste Meeting

Die Zusammenfassung des letzten Meetings ist der sinnvolle Ausgangspunkt jedes neuen Meetings. So hat jeder den Projektfortgang und die Übereinkünfte des letzten Meetings vor Augen. Die Zusammenfassung enthält die Tagesordnungspunkte des letzten Meetings sowie die getroffenen Vereinbarungen. Sie sollten sie sofort nach einem Meeting anfertigen, damit Sie und Ihr Projektbetreuer sich über die Übereinkünfte einig sind. Diese Berichte können Sie im Anhang Ihres abschließenden Berichts zusammenfassen, um so die erfolgreiche Planung Ihres Projektes zu belegen.

Unter „Projektfortgang" beschreiben Sie, was in bezug auf Ihren Projektplan erreicht wurde. Wenn Sie einen Bericht erstellen, gewöhnen Sie es sich an, zusammenzufassen. So können Sie folgendes formulieren: „Wir haben das Ende der Woche Drei erreicht, und das Projekt läuft wie geplant." Wenn weitere Einzelheiten gewünscht sind, könnten Sie folgendes hinzufügen: „Die Anforderungsdefinitionen stehen, und ein erster Entwurf für die Anforderungsspezifikationen wurde erstellt."

Wenn noch weitere Einzelheiten gewünscht werden, könnten Sie noch folgendes hinzufügen: „Die Vorbereitung der zweiseitigen Anforderungsanalyse dauerte zwei Tage. Der Entwurf der Anforderungsspezifikationen umfaßt bisher 15 Seiten und nahm zusammen mit der Einarbeitung in die Textverarbeitung 12 Tage in Anspruch.".

Unter „Geplante Schritte" wiederholen Sie die nächsten Schritte und einigen sich gegebenenfalls auf Änderungen im Zeitplan, die z.B. durch fehlenden Zugriff auf bestimmte Ressourcen ausgelöst worden sein können. Nach Behandlung dieses Tagespunktes sind Sie sich entweder darüber einig, daß der aktuelle Plan korrekt ist, oder Sie haben Änderungen am Plan besprochen, die Sie sofort nach dem Meeting umsetzen.

Unter „Verschiedenes" können Sie die Punkte ansprechen, zu denen Sie bis jetzt noch nicht gekommen sind. Dazu gehören z.B. der Wunsch Ihres Projektbetreuers nach einer Vorführung Ihres Projektes für Besucher oder Ihre Probleme, einen freien Rechnerplatz zu finden, da diese alle durch Web-Surfer belegt waren. Schließlich einigen Sie sich auf das Datum und die Uhrzeit für das nächste Treffen.

Sofort nach dem Meeting erstellen Sie einen kurzen Bericht (eine Seite Umfang), in dem Sie die Aufgaben festhalten, die sich aus den im Meeting besprochenen Dingen ergeben. Weiter fügen Sie einen aktualisierten Projektzeitplan und die Vorgaben für das nächste Meeting ein. Stellen Sie sicher, daß Ihr Projektbetreuer eine Kopie erhält.

Es ist üblich, daß sich auf einer Tagesordnung mehr Punkte finden, als Zeit zu deren Erörterung zur Verfügung steht. Wenn klar wird, daß Sie es nicht schaffen, alle Tagesordnungspunkte durchzugehen, so einigen Sie sich auf die wichtigen Punkte und nötigenfalls auf maximale Zeitspannen für die einzelnen Punkte. Sollten Sie es nicht geschafft haben, einzelne Tagesordnungspunkte durchzusprechen, so nehmen Sie diese in die Tagesordnung für das nächste Meeting auf.

In den Anhängen dieses Buches sehen Sie Beispiele für eine Tagesordnung und einen Projektbericht.

3.2.3
Betreuen Sie Ihren Projektbetreuer

Sie sollten versuchen, das Interesse Ihres Projektbetreuers an Ihrem Projekt zu pflegen. Dazu könnten Sie ihn mit Hilfe von Projektberichten auf dem laufenden halten. Lassen Sie Ihren Projektbetreuer an Ihren Erfolgen teilhaben. Im Gegenzug können Sie sich auf seine technischen und planerischen Erfahrungen verlassen, um so die in Ihrem Projekt auftauchenden Probleme zu lösen.

Definieren Sie die Ziele der Meetings und auch das Gesamtziel Ihres Projekts. Seien Sie sich zusätzlich über die Ziele Ihres Projektbetreuers im klaren. Sie werden erkennen, daß die Ziele nicht immer in dieselbe Richtung weisen. Ihr Primärziel wird die Erstellung eines Projektberichts sein, für den Sie eine Note erhalten. Ihr Projektbetreuer strebt für das Problem, an dem Sie arbeiten, eine Lösung an. Diese beiden Ziele sind ähnlich, aber nicht dieselben. Sie sollten beide Ziele im Auge behalten, um so das Interesse Ihres Projektbetreuers am Leben zu erhalten. Dennoch sollten Sie erkennen, daß das Entwickeln einer Lösung nicht Ihr Primärziel ist.

Wenn wir annehmen, daß Sie Ihr Projekt erfolgreich lösen, d.h., in dem geplanten Zeitraum einen akzeptablen Bericht erstellen, wird Ihre nächste Aufgabe sein, sich um einen Job zu bemühen. Ihr Projektbetreuer ist Ihre erste Wahl als Referenz für Ihre späteren Bewerbungen. Stellen Sie zunächst sicher, daß Ihr Projektbetreuer bereit ist, Ihnen zu helfen. Erstellen Sie einen Lebenslauf, so daß Ihr Projektbetreuer seine Aufgabe als Referenz besser wahrnehmen kann. Im Anhang finden Sie ein Beispiel für einen kurzen Lebenslauf.

3.3
Ihr Projekt veröffentlichen

Das Veröffentlichen Ihres Projektes ist sicherlich sowohl Ihr Ziel als auch das Ihres Projektbetreuers. Sie sollten diese Aufgabe dann angehen, wenn Sie einen ersten Entwurf für den Bericht fertiggestellt haben. In dieser Phase haben Sie alle Informationen in einer Form vorliegen, die einfach an die Vorgaben für eine Veröffentlichung angepaßt werden kann. Sie werden mit nur sehr geringer Wahrscheinlichkeit einen Herausgeber finden, der einen unveränderten Projektbericht veröffentlicht.

Nehmen wir an, Sie haben das Vorhersagesystem für den Goldpreis fertiggestellt, das im Anhang als Beispiel verwendet wird. Gehen Sie noch einmal die Anforderungen durch. Sie sollten sich bei der Arbeit an Veröffentlichungen, in welcher Form auch immer diese vorliegen sollen, zunächst fünf grundlegende Fragen stellen:

1. Wer ist Ihre Zielgruppe?
2. Über welches Medium erreichen Sie diese Zielgruppe am besten?
3. Wieviel Vorwissen bringt Ihre Zielgruppe zu diesem Thema mit?
4. Welche Informationen wollen Sie mitteilen?
5. Muß eine bestimmte Vortragsart eingehalten werden?

3.3.1
Wer ist Ihre Zielgruppe?

Die Ergebnisse Ihres Projektes zur Vorhersage des Goldpreises könnten für Broker, Banker und Forscher im Bereich neuronaler Netzwerke interessant sein, um nur einige zu nennen. Also könnten Sie sich an die Bibliothek wenden und herausfinden, welche Zeitschriften diese Leute lesen. Fordern Sie dann diese Magazine an. In diesen Zeitschriften finden Sie oft Hinweise für das Verfassen von Artikeln, die Sie sorgfältig lesen sollten. Dann sollten Sie sich einige Artikel vornehmen, um so den Stil zu ermitteln, den die Redakteure bevorzugt veröffentlichen. Sie sollten nach einer Zeitschrift suchen, die Ihrem Stil entgegenkommt. Rechnen Sie damit, daß Sie ein wenig suchen müssen, bevor Sie eine Zeitschrift finden, die Ihnen liegt.

In den Anzeigen dieser Zeitschriften werden Sie Aufrufe für Vorträge von Veranstaltern anstehender Konferenzen finden. Vielleicht kommt ja einer dieser Aufrufe Ihrem Projektbereich entgegen. Wenn Sie dort dann weitere Unterlagen anfordern, werden Sie sehr genau über die Vorgaben für diese Vorträge informiert.

3.3.2
Über welches Medium erreichen Sie Ihre Zielgruppe am besten?

Nachfolgend finden Sie eine Liste möglicher Medien, wobei die ersten Einträge den einfacheren und schnelleren Weg darstellen:

1. Tagesworkshops
2. Konferenzen
3. Zeitschriften
4. Bücher

Bei Workshops ist der Zeitraum bis zur Veröffentlichung meist kürzer und beträgt in der Regel drei bis neun Monate von deren Ausschreibung bis zum tatsächlichen Termin. Die übliche Zeitspanne für die Vorbereitung von Konferenzen beträgt neun bis 18 Monate. Zeitschriften benötigen zwischen zwölf und 24 Monate für die Veröffentlichung eines Artikels, und die Verzögerungen bei einem Buch können sogar noch länger ausfallen.

Sie sollten zunächst mit einem lokalen Workshop einsteigen und mit der Veröffentlichung eines Buchs solange warten, bis Ihre Reputation über den lokalen Bereich hinausgewachsen ist.

3.3.3
Wieviel Vorwissen bringt Ihre Zielgruppe zu diesem Thema mit?

Um mit Ihrer Zielgruppe optimal kommunizieren zu können, sollten Sie deren Vorwissen abschätzen können. Es wäre Zeitverschwendung, den Teilnehmern der jährlichen Konferenz zu neuronalen Netzwerken die Funktionsweise dieser Netzwerke erklären zu wollen. Genauso sinnlos wäre es, Grundkenntnisse zu neuronalen Netzwerken bei einer Versammlung von Brokern vorauszusetzen. Lassen Sie sich nötigenfalls auch hier von Ihrem Projektbetreuer unterstützen.

3.3.4
Welche Informationen wollen Sie mitteilen?

Wenn wir annehmen, daß Sie gerade ein Projekt mit einer Dauer von 20 Wochen abgeschlossen haben, verfügen Sie über sicherlich nicht wenige Informationen, die Sie vermitteln können. Das Problem besteht im Herausfiltern der Informationen, die für das jeweilige Publikum von Bedeutung sind. Die zu vermittelnden Informationen ergeben sich aus dem Vorwissen der Zielgruppe und dem Ziel des Workshops. Wenn es sich z.B. um einen Workshop über „den aktuellen Einsatz neuronaler Netzwerke" handelte, müßten Sie zunächst das Konzept der Voraussage des Goldpreises erläutern, bevor Sie Ihre spezielle Lösung vorstellen. Wenn die Konferenz allerdings als Ziel „die Preisvorhersage mit Hilfe neuronaler Netzwerke" hätte, müßten Sie sich nicht ausgiebig um neuronale Netze und die Technik der Preisvorhersage kümmern, sondern könnten sich auf die grundlegenden Aspekte Ihrer Methode und deren Ergebnisse konzentrieren.

3.3.5
Muß eine bestimmte Vortragsart eingehalten werden?

Die Art und Weise des jeweiligen Vortrags ist unabhängig vom verwendeten Medium erstaunlich standardisiert. Die Menge an Informationen eines Artikels von 20 Seiten ist natürlich größer als die eines Vortrags von zehn Minuten auf einem Workshop, das Format ist dennoch ähnlich:

Zusammenfassung
Eine kurze Beschreibung Ihrer Ziele und Ihres Erfolgs

Einleitung
Hier sollten eine Beschreibung des Problems und Ihre Beweggründe für die Auswahl dieses Problems folgen. Weiter sollten Sie diejenigen erwähnen, die parallel an demselben Problem arbeiten und deren Ergebnisse mit den Ihren verglichen werden können.

Methode
An dieser Stelle folgt eine umfassende Erläuterung des oder der Ansätze, die zum Lösen des Problems verfolgt wurden. Wenn Ihre Arbeit dem Vergleich standhält, sollten Sie Ihren Ansatz mit einem anderen bekannten Ansatz vergleichen, um dem Zuhörer/Leser zu verdeutlichen, daß Ihr Ansatz weiter geht als andere.

Ergebnisse
Sie sollten Ihre Ergebnisse umfassend belegen, so daß andere diese prüfen können.

Diskussion und Empfehlungen
Hier sollten Sie Ihre Ergebnisse interpretieren und Vorschläge dafür machen, wie Ihre Arbeit mit mehr Zeit/Ausrüstung oder besseren Methoden erweitert werden könnte.

3.3.6
Erstellen eines Konferenzpapiers

Der erste Schritt besteht im Ermitteln einer geeigneten Konferenz. Lassen Sie sich dann die Ausschreibung zusenden. Erfolgreiche Konferenzen werden normalerweise in regelmäßigen Intervallen wiederholt, und Ihr Projektbetreuer kann Ihnen u.U. eine Liste mit Vorschlägen anfertigen. Die entsprechenden Newsgroups im Internet (siehe Kapitel 4) enthalten ebenfalls Ankündigungen für Konferenzen.

Wenn Sie eine geeignete Konferenz ausgemacht haben, lassen Sie sich über Ihre Bibliotheksdienste die Ergebnisse der letzten Konferenzen zusenden, und lesen Sie einige der zugehörigen Artikel, um einen Einblick in den Stil zu bekommen. So erkennen Sie auch Abweichungen von dem Standardformat, das im vorherigen Abschnitt vorgestellt wurde.

Erstellen Sie auf Grundlage der Vorgaben der Ausschreibung und unter Berücksichtigung der gelesenen Beispiele eine kurze Beschreibung. Beachten Sie auf jeden Fall alle Vorgaben des Redakteurs, um zu vermeiden, daß Ihr Vorschlag aufgrund formaler Mängel zurückgewiesen wird.

Besprechen Sie den Entwurf mit Ihrem Projektbetreuer, führen Sie eventuelle Änderungen durch, und senden Sie Ihren Vorschlag vor Einsendeschluß an den Redakteur der Konferenz.

3.3.7
Erstellen eines Artikels

Der Ansatz für das Erstellen eines Artikels ist in vielen Aspekten dem für den Entwurf eines Konferenzpapiers ähnlich. Zunächst besorgen Sie sich Ausgaben der relevanten Zeitschrift und lesen einige Artikel, um sich mit dem Stil der Zeitschrift vertraut zu machen. Wenn Ihnen die Zeitschrift geeignet erscheint, sollten Sie sich die Vorgaben für das Verfassen von Artikeln in dieser Zeitschrift besorgen, die Sie entweder in der Zeitschrift selbst finden oder vom Herausgeber erhalten. Name und Adresse des Herausgebers finden Sie auf jeden Fall in der Zeitschrift.

Einige Herausgeber werden Sie im Vorfeld nach einer Gliederung fragen, so daß sie prüfen können, ob der Artikel für den potentiellen Leser von Interesse ist, bevor Sie den vollständigen Artikel zu Papier gebracht haben. Andere Herausgeber ziehen es vor, den vollständigen Artikel im Vorfeld zu lesen. Beachten Sie die Vorgaben des Herausgebers peinlich genau. Das Nichtbeachten von Vorgaben ist einer der Hauptgründe für das Ablehnen von Veröffentlichungen.

Erstellen Sie einen Entwurf, und gehen Sie Inhalt sowie Form mit Ihrem Projektbetreuer durch. Führen Sie ggf. Änderungen durch, und senden Sie den Entwurf anschließend an den Herausgeber. Sie sollten binnen weniger Wochen eine Eingangsbestätigung erhalten. Danach können Sie nur auf eine Rückmeldung warten, was weitere sechs bis zwölf Wochen in Anspruch nehmen wird.

Wenn Sie die Kommentare und Änderungsvorschläge des Redakteurs erhalten haben, führen Sie diese durch, und senden Sie den geänderten Artikel zusammen mit einer genauen Aufstellung der durchgeführten Änderungen zurück. Dabei bietet es sich an, die einzelnen Kommentare zusammen mit den von Ihnen durchgeführten Änderungen aufzuführen. Schicken Sie Ihren geänderten Artikel auf jeden Fall vor Redaktionsschluß ein, um zu vermeiden, daß der Artikel doch noch abgelehnt wird.

Es werden mehr Artikel abgelehnt als veröffentlicht, und die erfahreneren Autoren scheinen bessere Chancen zu haben als die Neulinge. Um erfolgreich zu sein, müssen Sie mit gelegentlichen Absagen leben können. Wenn Sie eine Absage bekommen, halten Sie kurz inne, damit Ihr Stolz sich erholen kann. Dann überarbeiten Sie den Artikel und schikken ihn an ein Konkurrenzmagazin. Auch hier gehört Hartnäckigkeit zum Erfolg.

3.3.8
Halten Sie einen Vortrag

Vorträge können in vielen verschiedenen Formen ablaufen. So könnten Sie einen Vortrag vor einem Team der Hochschule halten, das Ihr Institut besucht, oder Ihre Arbeit Schülern vorstellen, die Ihre Hochschule an einem Tag der offenen Tür besuchen. Sie könnten Ihre Arbeit aber auch auf einer nationalen Konferenz vorstellen.

Der Ansatz ist derselbe, obwohl das Ausmaß des Lampenfiebers schwanken kann. Wie bei jedem Vermitteln von Informationen müssen Sie die Vorkenntnisse Ihrer Zuhörerschaft kennen und den Informationsinhalt entsprechend anpassen. Sie müssen die Länge des Vortrags schätzen und das entsprechende Medium auswählen. Es ist einfacher, einen Vortrag mit Hilfe von Dias oder einer Computerprojektion zu halten, da Sie direkt vor der Zuhörerschaft stehen können und sich nicht noch um einen Overhead-Projektor und Folien kümmern müssen.

Sie sollten bei Ihrem Vortrag vorsichtig mit Demonstrationen sein. Dies gilt besonders dann, wenn Sie sich in ungewohnter Umgebung befinden und mit einer geliehenen Ausrüstung arbeiten. Eine Demonstration kann sowohl im positiven als auch im negativen Sinne spektakulär sein, und Sie sollten Ihr Publikum möglichst nicht derartigen Extremen aussetzen.

Es gibt verschiedene Softwareprodukte, die Sie bei der Erstellung des Materials für Ihre Präsentationen unterstützen können. Ich verwende im Moment Microsoft PowerPoint für die Erstellung von Dias, Folien oder direkten Projektionen aus dem Rechner. Alternativ können Sie auch mit den meisten Textverarbeitungen professionelle Folien erzeugen.

Beim Zusammenstellen des Inhalts der Dias sollten Sie folgende Richtlinien beachten:

1. Bilder, Zeichnungen und Diagramme sind interessanter als Text.
2. Verwenden Sie keine handschriftlichen Texte.
3. Dias oder Folien, die nur Text enthalten, sollten nicht mehr als 8 Zeilen aufweisen.
4. Verwenden Sie eine einfache Schriftart wie z.B. Arial.
5. Verwenden Sie den größtmöglichen Schriftgrad, der Punkt 3 noch gewährleistet.
6. Verwenden Sie Überschriften und keine Sätze.
7. Verwenden Sie Farben nur zur Unterstützung der Lesbarkeit.
8. Verwenden Sie nicht mehr als eine Folie bzw. ein Dia pro Minute.

Strukturieren Sie Ihren Vortrag wie einen Artikel, nur daß Sie die Überschriften und die Illustrationen auf die Folien bringen. Die Einzelheiten zu den Folien liefert der Vortrag.

Sie sollten insbesondere darauf achten, daß Ihr Publikum weiß, was als nächstes kommt und wie weit Sie bereits sind. Eine erprobte Technik ist das Verwenden einer Art Inhaltsverzeichnis, in dem Sie die Hauptpunkte in Form von Überschriften festgehalten haben. Wenn Sie dann den Vortrag halten, können Sie mit Hilfe dieser Übersicht verdeutlichen, wo Sie sich innerhalb Ihres Vortrages befinden. Am Ende des Vortrags fassen Sie noch einmal zusammen, welche Überschriften Sie angesprochen haben.

Wenn Sie den Inhalt der Folien zusammengestellt haben, sollten Sie ein begleitendes Skript ausarbeiten. Stellen Sie sich dabei vor, daß Sie eine Rede für jemanden schreiben. Ein typisches Skript sieht etwa wie folgt aus:

Folie 1 (Titel & Autor)   Beginn bei Minute 0

Guten Abend meine Damen und Herren,
Mein Name ist Alan Turing, und ich möchte Sie zum ersten Treffen der British Computer Society begrüßen.
Heute Abend werde ich versuchen, Ihnen einen Einblick in den Bereich der künstlichen Intelligenz zu vermitteln.

                                                         Stop bei Minute 1

Folie 2 (Inhalt)   Beginn bei Minute 1

Ich möchte den Vortrag damit beginnen,...

Das Skript sollte alles enthalten, was der Vortragende sagen wird. Weiter sollte es einen Zeitplan enthalten. Dann sollten Sie das Skript auf Moderationskarten drucken, wobei Sie eine Karte pro Folie verwenden. Anfangs- und Endzeiten jeder Folie sollten hervorgehoben sein.

Sie sollten den Vortrag probeweise halten und die geplanten Zeiten mit Hilfe einer Stoppuhr überprüfen. So können Sie die Zeiten im Vorfeld notfalls anpassen.

Wenn Sie einen wichtigen Vortrag halten, sollten Sie diesen zuerst vor lokalem Publikum halten und ihn ggf. aufgrund der gemachten Erfahrungen überarbeiten.

Schließlich sollten Sie vor jedem Vortrag die Ausrüstung überprüfen. Stellen Sie sicher, daß Sie wissen, in welchem Raum der Vortrag gehalten wird, prüfen Sie, ob man den Raum ausreichend verdunkeln kann, und machen Sie sich mit dem Umgang mit Projektor, Pointer und Dimmer vertraut.

Eine gute Vorbereitung hat meist ein sicheres Auftreten und einen guten Vortrag zur Folge.

3.4
Nutzen Sie die mündliche Prüfung

Eine mündliche Prüfung kann u.U. Teil Ihrer abschließenden Projektabgabe sein. Die Form dieser Prüfung variiert von Institut zu Institut, aber Ihr Projektbetreuer wird Sie sicher über die jeweilige Form informieren. Eine übliche Form besteht in einem Prüfungsausschuß, der Ihre schriftlichen Ausführungen bereits gelesen hat und Sie aus folgenden Gründen dazu befragt:

1. Man will sicherstellen, daß Sie der Verfasser des Berichts sind.
2. Punkte, die aus dem Bericht nicht deutlich hervorgehen, sollen klargestellt werden.
3. Eine Überprüfung Ihres Wissens und Ihres Verständnisses zum Thema.
4. Es werden Bereiche angesprochen, die in Ihrem Bericht nicht erwähnt, aber als wichtig angesehen werden.

3.4.1
Vorbereitung auf eine mündliche Prüfung

Stellen Sie sicher, daß Sie Termin, Ort und Dauer der Prüfung kennen. Die meisten Prüfer versuchen, die Anspannung ein wenig zu lockern, indem sie eine allgemeine Frage stellen, wie etwa: „Geben Sie eine kurze Zusammenfassung der Projektanforderungen und Ihrer Lösung dazu." Bereiten Sie also eine kurze Zusammenfassung zu Ihrem Projekt vor, und üben Sie deren Vortrag ohne das Zurückgreifen auf Notizen.

Arbeiten Sie mit Ihrem Projektbetreuer eine kurze Liste von Beispielfragen aus. Typische Fragen sind:

- Welche relevanten Arbeiten haben Sie bei anderen gefunden?
- Welche war die schwierigste Teilaufgabe Ihres Projektes, und wie haben Sie diese gelöst?
- Welche Aspekte Ihres Projektes waren neu für Sie?
- Welcher Teil Ihres Projektes hat Sie am meisten erfüllt und warum?
- Was würden Sie anders machen, wenn Sie das Projekt erneut angehen würden?

Bereiten Sie kurze Antworten auf diese Fragen vor, und üben Sie die Beantwortung ohne die Hilfe von Notizen.

Die Beantwortung einiger zunächst komplexer Fragen gestaltet sich einfacher, wenn Sie eine Zeichnung zur Hilfe nehmen. Erarbeiten Sie fünf oder sechs Zeichnungen, die Ihnen bei der Präsentation Ihres Projektes helfen werden, und üben Sie deren Erstellung an der Tafel o.ä.

Bitten Sie Ihren Projektbetreuer, die Fragen, Ihre Antworten und die Kommentare der Prüfer in Stichworten mitzuschreiben. Dadurch erhalten Sie Anhaltspunkte für eine Überarbeitung Ihres Berichts.

Schließlich sollten Sie Ihren Bericht vor der Prüfung noch einmal gelesen haben und Ihre Vorbereitungen so planen, daß Sie diese einen Tag vor der Prüfung abgeschlossen haben. Schlafen Sie sich vor der Prüfung richtig aus.

3.4.2
Während der Prüfung

Kleiden Sie sich dem Anlaß entsprechend. Denken Sie daran, daß der erste Eindruck zählt, also stellen Sie sicher, daß er zu Ihren Gunsten ausfällt. Seien Sie fünf bis zehn Minuten vor der Prüfung da. Ein zu spätes Eintreffen macht Sie sicherlich nicht entspannter und wird bestimmt nicht zu Ihrem Vorteil ausgelegt.

Hören Sie bei jeder Frage genau zu, und fragen Sie nach, wenn Sie etwas inhaltlich oder akustisch nicht verstanden haben. Eine Prüfung ist kein Wettrennen, und die Prüfer sind an der Qualität Ihrer Antworten interessiert, nicht an deren Quantität. Nehmen Sie sich Zeit, über jede Frage und deren Antwort genau nachzudenken. Wenn Sie eine Frage beantworten, schauen Sie denjenigen an, der die Frage gestellt hat, und sprechen Sie laut und deutlich. Denken Sie daran, daß Sie der Experte für Ihr Projekt sind und nicht die Prüfer, also treten Sie selbstbewußt auf.

Halten Sie Ihre Antworten kurz (maximal eine Minute), und bieten Sie ggf. genauere Ausführungen an. Seien Sie bei Ihren Antworten ehrlich, und wenn Sie eine Antwort nicht wissen, so sagen Sie das auch. Denken Sie daran, eventuell Zeichnungen anzufertigen oder auf Zeichnungen in Ihrem Bericht zu verweisen, aber lesen Sie nie aus Ihrem Bericht vor.

3.4.3
Wenn die Prüfung vorüber ist

Treffen Sie sich mit Ihrem Projektbetreuer, und überlegen Sie auf Basis der von ihm angefertigten Aufzeichnungen, ob und wie Sie Ihren Bericht überarbeiten sollen. Einigen Sie sich auf die Änderungen, und führen Sie diese sofort durch, wenn Ihre Eindrücke noch frisch sind.

3.5
Umgang mit Streß

Streß ist das Gefühl, das Sie überkommt, wenn Sie mit ungewohnten Situationen (Prüfungen, Sprechen vor einer Gruppe) oder Situationen konfrontiert werden, über die Sie nicht die volle Kontrolle haben (z.B. als Beifahrer in einem Auto). Ein ähnliches Gefühl kann auftreten, wenn Sie an einem Projekt arbeiten, insbesondere wenn Abgabetermine schneller als erwartet näherkommen.

Mit Streß umgehen zu lernen ist Teil des Studiums. Eines der Argumente für die Einstellung von Akademikern ist deren Erfahrung im Umgang mit Streß.

Unglücklicherweise unterbrechen jedes Jahr Studenten ihre Ausbildung, weil sie dem Streß nicht gewachsen sind. Sie suchen dann Unterstützung bei Freunden, Projektbetreuern oder studentischen Beratungsstellen. Einige fühlen sich körperlich krank und suchen Unterstützung bei ihrem Hausarzt. Einige begehen sogar aufgrund dieser Probleme Selbstmord.

In diesem Abschnitt stelle ich einige einfache Strategien vor, die Ihnen helfen sollen, mit dem Streß umzugehen. Wenn Sie glauben, daß Ihnen diese Strategien nicht helfen, so suchen Sie sich lieber früher als später Unterstützung an anderer Stelle. Fast jedes Problem, dem ein Student gegenübersteht, ist schon einmal mit der Hilfe eines Freundes gelöst worden. Jede Hochschule verfügt über Einrichtungen, die auf das Lösen solcher Probleme spezialisiert sind, also leiden Sie nicht still vor sich hin.

3.5.1
Ansätze zum Umgang mit Streß

Bereiten Sie sich rechtzeitig auf anstrengende Situationen vor. Dies bedeutet zusätzlichen Aufwand, aber die Fähigkeit, die Situation kontrollieren zu können, ist eine mehr als ausreichende Entschädigung. Das beste Beispiel ist die Planung Ihrer Klausurvorbereitung, so daß Sie diese am Tag vor der Klausur und nicht erst am Morgen der Klausur (wenn überhaupt) abgeschlossen haben.

Lernen Sie aus den Erfahrungen, die andere für Sie gemacht haben. Dies kann wesentlich angenehmer sein, als die Erfahrungen selbst machen zu müssen. Sprechen Sie Ihr Problem mit Ihren Freunden durch, und fragen Sie diese, wie sie mit diesem Problem umgehen würden. Sie müssen nicht zu offen sein. Sie können die Probleme auch unpersönlich formulieren. Stehen Sie ebenfalls anderen zur Verfügung, die mit ihren Problemen zu Ihnen kommen. Dies kann Sie ebenfalls weiterbringen.

Entwickeln Sie bestimmte Strategien für den Umgang mit möglichen Streßsituationen. Versuchen Sie, eine Liste von fünf Situationen zu erstellen, die während Ihrer normalen Tätigkeit auftreten können. Dann überlegen Sie sich, wie Sie diesen Situationen entgegentreten können. Ein Beispiel:

a) Wenn es Ihnen an Selbstbewußtsein fehlt, vor einer Gruppe frei zu sprechen, sollten Sie dies üben, indem Sie etwa einen Kurs für Moderationstechniken besuchen oder in Arbeitsgruppen den freien Vortrag üben.

b) Wenn Sie beim Verfassen von Berichten unsicher sind, sollten Sie vielleicht einen Abendkurs besuchen, in dem das Schreiben von eigenen Texten geübt wird.

Eine der besten Möglichkeiten, Streß abzubauen, ist Sport. Während des Sports müssen Sie sich nicht mit Ihrer Arbeit beschäftigen, sondern können sich auf einfachere Dinge, wie z.B. die Regeln einer bestimmten Sportart, konzentrieren, oder Sie versuchen einfach, Ihrem Partner beim Tanzkurs nicht zu oft auf die Füße zu treten.

Fast alle Universitäten und Hochschulen verfügen über Sportanlagen, und es gibt viele AGs, in denen Sie die jeweilige Sportart unter

Anweisung trainieren können. Diese AGs bieten einen guten Einstieg in die Sportart, und sie bieten die Gelegenheit, Menschen kennenzulernen, deren sportliche Fähigkeiten den Ihren entsprechen und die ebenfalls abschalten wollen. Bauen Sie sich einen Freundeskreis auf, deren Mitglieder aus den verschiedensten Richtungen kommen und die dadurch verschiedene Sichtweisen auf (und Lösungen für) das Problem haben können, dem Sie gegenüberstehen. Wenn Sie mit einem Freund über ein Problem sprechen, ist es nur noch halb so groß und vielleicht schon gelöst.

Versuchen Sie, sich nicht zu überarbeiten. Wenn Sie Ihre Arbeit planen, sollten Sie mit 40 Stunden pro Woche planen, die Sie auf die ersten fünf Wochentage verteilen, um so das Wochenende zur Erholung nutzen zu können. Sie sollten Ihren Arbeitstag so planen, daß er über ungefähr gleiche Anteile an Arbeit, Entspannung und Schlaf verfügt. Sie sollten mindestens zwei Stunden vor dem Schlafengehen die Arbeit einstellen und die Arbeit nicht noch als Bettlektüre mit ins Schlafzimmer nehmen. Sie haben bereits acht Stunden gearbeitet und müssen für die nächsten acht Stunden am morgigen Tag fit sein.

Auf das Risiko hin, allzu väterlich zu klingen, noch einige abschließende Tips. Versuchen Sie, regelmäßig und ausgewogen zu essen. Kochen kann entspannend wirken und ist außerdem billiger, als essen zu gehen oder eine Pizza zu bestellen. Für Freunde zu kochen, ist zusätzlich eine gesellige und entspannende Angelegenheit. Anders ausgedrückt sind Sie eine Maschine, die Kraftstoff benötigt, damit sie läuft. Je besser der Kraftstoff, desto besser funktionieren Sie. Vermeiden Sie den regelmäßigen Konsum von Alkohol zur Entspannung. Sie sollten pro Woche maximal 20 Einheiten als Mann und 14 Einheiten als Frau zu sich nehmen. Eine Einheit entspricht hierbei einem Glas Wein. Wenn Sie jeden Abend vier Bier trinken, sind Sie sicher bald pleite **und** krank.

4 Einrichten Ihrer Forschungsdatenbank

Es ist anstrengend, erster zu sein.
Bei einem Wettlauf ist es einfacher, Schulter an Schulter mit dem
Führenden zu laufen und ihn auf den letzten Metern zu schlagen.

Wenn Sie die Ergebnisse früherer Projekte ignorieren, laufen Sie Gefahr, getane Arbeit noch einmal zu erledigen, weil Sie vielleicht Methoden einsetzen, die sich als schlecht oder ungeeignet herausgestellt haben. Zusätzlich vergeuden Sie wertvolle Ressourcen.

Ein typisches Projekt enthält eine (kleine) Menge neuer Erkenntnisse und einen (großen) Teil bereits erarbeiteter Tatsachen. Der optimale Ansatz besteht darin, die Ergebnisse früherer Arbeiten zu suchen und sich mit ihnen vertraut zu machen. Sie sollten zudem wissen, wer in Ihrem Gebiet noch aktiv ist und was derjenige genau macht. Sie befinden sich dann in der optimalen Ausgangsposition für die Planung Ihrer Arbeit, wobei Sie auf bekannter Arbeit aufbauen.

Sie müssen dann nur noch entscheiden, welchen Umfang Ihre Suche nach bereits gelösten Aufgaben annehmen soll. Sie sollten diese Entscheidung im Konsens mit Ihrem Projektbetreuer fällen. Zu welcher Entscheidung Sie auch immer kommen, Quantität und Qualität der Ergebnisse Ihrer Suche hängen primär davon ab, wie und wo Sie suchen.

Dieses Kapitel hilft Ihnen bei der Entscheidung, wie und wo Sie nach relevanten Informationen suchen sollen.

Wenn Sie neue Informationen ermitteln, schreiben Sie sich deren Quelle auf, wie z.B.:

- Titel:
- Autor(en):

Wenn es sich um ein Buch handelt:
- ISBN:
- Herausgeber:
- Datum:

Wenn es sich um einen Artikel handelt:
- Name der Zeitschrift:
- Herausgabedatum:
- Nummer/Jahrgang
- Seitenzahlen des Artikels:

Wenn es sich um einen Projektbericht handelt:
- Herausgebendes Institut:
- Erscheinungsdatum:

Fügen Sie zudem eine kurze Zusammenfassung des Inhalts sowie Ihre Beurteilung der Stärken und Schwächen des jeweiligen Inhalts bei.

Die von Ihnen gesammelten Informationen und Ihre Bewertung der Gültigkeit für die Lösung stellen einen nicht unwichtigen Teil Ihrer Arbeit dar und bilden die Grundlage eines weiteren Teils Ihres Projektberichts.

4.1
Sprechen mit anderen Forschenden

Fragen Sie Ihren Projektbetreuer, mit wem innerhalb Ihrer Abteilung oder Fakultät Sie sich austauschen könnten. Denken Sie daran, daß Sie, wenn Sie mit anderen sprechen, deren Zeit in Anspruch nehmen und so deren Ressourcen nutzen.

Der erste Eindruck zählt. Fallen Sie nicht mit der Tür ins Haus, sondern fragen Sie die betreffende Person, ob sie Zeit und evtl. einen Termin frei hat. Stellen Sie klar, wer Sie sind, woran Sie arbeiten und was Sie sich von dem Meeting erhoffen. Machen Sie einen Vorschlag bezüglich der Dauer der Unterhaltung. Einigen Sie sich schließlich auf Datum und Uhrzeit.

Je professioneller Sie auftreten, desto wahrscheinlicher ist es, daß Sie Ihren Termin bekommen. Je deutlicher Sie die Ziele des Meetings vor Augen haben, desto wahrscheinlicher ist es, daß es Ergebnisse zeitigt.

Wenn Sie den ersten Kontakt über ein Memo aufnehmen, sollte es ungefähr wie folgt aussehen:

Sehr geehrter Herr Schmidt!

Die Verwendung von regelbasierten Systemen zur Überprüfung der Rechtschreibung von Sätzen

Mein Name ist Peter Mustermann, und ich bin Student der Angewandten Datenverarbeitung im achten Semester. Ich beginne gerade mit der Arbeit an meinem Semesterprojekt über die Erstellung einer automatischen Rechtschreibprüfung unter der Leitung von Professor Zuse. Mir ist bekannt, daß Sie Erfahrungen in der Programmierung von regelbasierten Systemen haben. Deshalb möchte ich Sie bitten, mich in der Form zu unterstützen, daß Sie mir von evtl. gemachten Erfahrungen berichten und mir einige Literaturempfehlungen geben. Ich wäre Ihnen dankbar, wenn Sie 20 Min. für eine Besprechung erübrigen könnten.

Ich könnte Sie während der gesamten folgenden Woche an einem Nachmittag aufsuchen. Zwecks Terminabsprache bin ich unter u.g. E-Mail-Adresse oder über das Institut der Angewandten Datenverarbeitung zu erreichen.

Vielen Dank im voraus,

Hans Mustermann

Wenn es dann zu einem Treffen kommt, gibt es eine Menge zusätzlicher Fragen, die Sie dem Gegenüber stellen können.

4.1.1
Empfohlene Literatur

Ihr Gesprächspartner wird in der Lage sein, Ihre Kenntnisse einzuschätzen, und wird Ihnen verschiedene Informationsquellen vorschlagen, mit denen Sie die Lücke zwischen dem, was Sie wissen, und dem, was Sie wissen sollten, schließen können. Vielleicht gibt er Ihnen sogar einige

Bücher an die Hand, die über Bibliotheken nur schwer zu beschaffen sind.

Sie sollten sich informieren, was lokal verfügbar ist, und sich insbesondere nach folgenden Dingen erkundigen:

• Das beste Buch
• Der beste Projektbericht
• Die beste Zeitschrift

Gehen Sie mit den geliehenen Dingen sorgfältig um, und geben Sie diese zeitig zurück, da ansonsten die Zahl der Berater stetig schrumpfen wird.

Sehr bald werden Sie auf das Problem stoßen, daß Sie nicht über zu wenige, sondern über zu viele Informationen verfügen.

4.2
Zurückgreifen auf Bibliotheksdienste

Jede Hochschule verfügt über ein Team von Informationsbeschaffern, welche Sie meistens hinter dem Schalter Ihrer Hochschulbibliothek antreffen. Durch Ihre professionelle Vorbereitung sind Sie sicherlich in der Lage, die richtigen Ressourcen nachzufragen.

Wenn Sie mit den Nachforschungsmöglichkeiten Ihrer Hochschulbibliothek noch nicht vertraut sind, erkundigen Sie sich nach einer Einführung. Prüfen Sie, welche Bücher ausgeliehen und welche lediglich in der Bibliothek eingesehen werden dürfen. Finden Sie heraus, wo die Projektberichte abgelegt werden, und sehen Sie die letzten fünf Jahrgänge nach relevanten Materialien durch. Gehen Sie ebenfalls die Zeitschriftenabteilung nach entsprechenden Artikeln durch.

Notieren Sie sich geeignete Bücher und Zeitschriften, so daß Sie später auf diese zugreifen können.

4.2.1
Machen Sie sich mit den lokalen Bibliotheken vertraut

Ihre Hochschulbibliothek stellt lediglich eine Informationsquelle dar. Andere Institute verfügen evtl. über eigene Bibliotheken, in denen Sie ebenfalls relevante Informationen finden können. Ferner gibt es noch die Möglichkeit, auf öffentliche oder Zentralbibliotheken bzw. die Bibliotheken anderer Hochschulen zuzugreifen.

Sie werden bald feststellen, daß das Sammeln von Informationen zeitaufwendig ist, und Sie sollten diesen Aufwand an Zeit sorgfältig planen. Weiter sollten Sie Ihre Planung so anlegen, daß ein Großteil des Zusammenstellens von Hintergrundinformationen während der Entwurfsphase stattfindet. Dennoch sollten Sie nie aufhören, sich nach Informationen umzusehen. Der für die Suche eingesetzte Aufwand hängt stark von der Dauer und der Art des Projekts ab, also sprechen Sie dieses Thema ausführlich mit Ihrem Projektbetreuer durch.

4.2.2
Finden und Lesen der Berichte von Hochschulfremden

Sie können einen externen Bericht auf verschiedene Arten finden:

1. Sie sehen eine **Referenz** in einem Dokument, das Sie bereits in Ihrer lokalen Bibliothek vorliegen haben.
2. Sie finden eine Referenz in einem **Berichtsindex**, der z.B. Zusammenfassungen der Berichte aus den letzten drei Monaten enthält.
3. Sie finden die Referenz in einem **Zitatindex**, der die von Autoren zitierten Werke eines bestimmten Zeitraums umfaßt.

Sie können den Berichtsindex dazu verwenden, einen Bericht herauszusuchen. Mit dem Zitatindex können Sie dann frühere Dokumente zu demselben Thema ermitteln. Wenn Sie einen interessanten Autor ermittelt haben, sollten Sie auch nach weiteren Werken von ihm suchen.

Berichts- und Zitatindizes sind in den meisten Zentralbibliotheken verfügbar. Das Ausleihen aus fremden Bibliotheken ist allerdings meistens mit einer Gebühr verbunden, und Sie werden üblicherweise dazu angehalten, diese Gebühr zu tragen.

Sie können diese Ausleihgebühren auch elegant umgehen, indem Sie die gewünschten Informationen über das Internet beziehen.

4.3
Informationen sammeln über Computernetze

Fast alle Hochschulen sind über Computernetze miteinander verbunden. Durch diese Netzwerke sind Benutzer in der Lage, Daten aus der Zentralbibliothek abzufragen und sich diese Referenzen ausgeben zu lassen, ohne den eigenen Schreibtisch verlassen zu müssen.

Die meisten Hochschulen in Großbrittanien sind inzwischen miteinander verbunden, so daß Studenten auch hochschulübergreifend nach Informationen suchen können. Über dieselben Netzwerke können Benutzer auch E-Mails austauschen oder Daten wie Berichte oder Programme übertragen. Ferner haben die Benutzer teilweise Zugriff auf die Netzwerke von Firmen, wodurch der Informationsaustausch zwischen Forschung und Lehre noch weiter vereinfacht wird. Alle registrierten Benutzer eines Netzwerks können Informationen austauschen. Diese nationalen Netzwerke bestehen in vielen Ländern, und fast alle sind miteinander verbunden.

Der Zugang zu diesen Netzwerken ist für Studenten in der Regel kostenlos, und durch diese sind sie in der Lage, innerhalb kürzester Zeit auf dem gesamten Globus nach Informationen zu suchen.

Genaueres über den Umfang dieser Dienste erfahren Sie in Ihrer Hochschule. Fragen Sie nach Ihrem lokalen Zugang zum Internet.

4.3.1
Electronic Mail (E-Mail)

Eine der einfachsten und nützlichsten Funktionen des Internet ist das Versenden und Empfangen elektronischer Nachrichten, sog. E-Mails. Normalerweise wird Ihnen auf Nachfrage an Ihrer Hochschule eine E-Mail-Adresse zugewiesen, z.B. ricketts@dundee.ac.uk. Diese Adresse zeigt an, daß der Benutzer Ricketts über einen elektronischen Postkasten in Dundee verfügt und daß es sich um eine akademische Einrichtung in Großbritannien handelt. Ferner erhalten Sie zusätzlich die nötige Software, um E-Mails empfangen und versenden zu können.

Ihre E-Mail-Adresse ist einmalig und somit eindeutig. Benutzer aus der ganzen Welt mit Zugang zum Internet können Ihnen mittels dieser Adresse Nachrichten zukommen lassen. Die Übertragung von Nachrichten an das andere Ende der Welt ist nur eine Sache von Minuten,

und wenn Sie das nächste Mal Ihr E-Mail-Werkzeug starten, werden
Ihnen die neuesten Nachrichten angezeigt, und Sie können sie lesen, an
andere weiterleiten oder so lange behalten, bis Sie diese verarbeiten können.

Ein Beispiel für die E-Mail-Programme ist Internet Mail von Microsoft, das für PCs verfügbar ist. Wenn Sie das Programm gestartet haben,
können Sie durch das Anklicken des Symbols für eine neue Mail eine
solche erstellen.

Sie erhalten ein vorformatiertes Memo, in dem Sie drei Abschnitte
ausfüllen müssen: die Adresse des Empfängers, das Thema der Mail und
die eigentliche Nachricht. Eine vollständig ausgefüllte E-Mail sehen Sie
in Abbildung 4.1. Wenn Sie Ihre Mail vervollständigt haben, klicken Sie
auf das Symbol zum Versenden, das einen Briefumschlag darstellt.

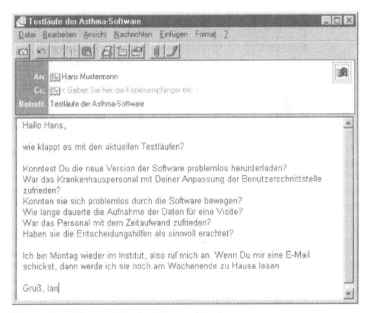

Abb. 4.1. Beispiel für eine E-Mail mit Microsoft Mail

Die Funktionen eines E-Mail-Werkzeugs gehen über das reine Erstellen und Versenden von Mails hinaus. Die meisten Werkzeuge bieten Möglichkeiten zur Pflege eines Adreßbuchs, zum Versenden einer E-Mail an mehrere Empfänger, zum Archivieren von Mails, zum Anfügen von Dokumenten, zur Verschlüsselung usw. Die grundlegenden Funktionen sind dennoch ähnlich, und wenn Sie sich mit einem Werkzeug vertraut gemacht haben, sollten Sie auch mit anderen umgehen können.

4.3.2
List-Server und Special Interest Groups (SIGs)

Ein List-Server ist eine Quelle für E-Mails zu einem bestimmten Thema. Wenn Sie über ein elektronisches Postfach verfügen, können Sie einen oder mehrere List-Server abonnieren, die sog. Special Interest Groups (SIGs) zugeordnet sind.

Diese List-Server sind Verteiler für Meldungen und Kommentare zu bestimmten Themen, wie etwa Diskussionen, Seminare, anstehende Konferenzen, Stellenanzeigen, Buchkritiken usw.

From: *British HCI News*
Sent: *Friday, June 27, 1997 11:53 AM*
To: *bcs-hci@mailbase.ac.uk*
Subject: Post at Whizzo Software
~~~~~   BRITISH HCI GROUP :: http://www.bcs.org.uk/hci/ :: NEWS SERVICE
~~~~~All news to: bcs-hci-request@mailbase.ac.uk ~~~~~~~~~~~~~~
~~~~ News archives: http://www.mailbase.ac.uk/lists/bcs-hci/archive.html ~~~~
Whizzo Software provides scientific/engineering based software and consultancy to clients in government, industry and commerce throughout the world.
We are looking for bright and enthusiastic Software Engineers ...
... (remainder of this message removed)
~~~~~~~~~~~~~~~~~~
*   NOTE: Please reply to article's originator, not the News Service*
~~~~~~~~~~~~~~~~~~
*   To receive HCI news, send mailbase@mailbase.ac.uk the message:*
*   JOIN BCS-HCI your_firstname your_lastname*
~~~~~~~~~~~~~~~~~~
*   To join the British HCI Group, contact hci@bcs.org.uk*
*   Info: http://www.bcs.org.uk/hci/*
~~~~~~~~~~~~~~~~~~

Jeder List-Server verfügt normalerweise über eine E-Mail-Adresse, und Sie abonnieren ihn, indem Sie eine Mail an die besagte Adresse schicken, in der im Hauptteil des Textes „Join" oder „Subscribe" steht. Die Reaktion erfolgt normalerweise binnen Minuten in Form einer Mail, in der Ihr Beitritt bestätigt wird und Sie die grundlegenden Informationen zur SIG erhalten. Die Menge an Informationen, die Sie erhalten, hängt von der Größe des List-Servers und mehr noch von der Aktivität der Mitglieder der SIG ab.

Im Idealfall liefern Ihnen List-Server aktuelle Informationen von Experten auf einem Silbertablett in Ihr Postfach. Im ungünstigsten Fall stellen List-Server einen endlosen Quell von E-Mails mit wenig oder keinem Nutzen dar, die Sie massiv von Ihrem Tagwerk abhalten. Die Lösung dieses Problems ist allerdings einfach. Wenn Sie dessen Informationen nicht mehr benötigen, beenden Sie das Abo des List-Servers. Sie können ihn später jederzeit wieder abonnieren.

4.3.3
World Wide Web (WWW)

Das WWW stellt eine alternative Sichtweise auf die im Internet enthaltenen Informationen dar. Sie können mit Hilfe von Microsoft FrontPage oder einem ähnlichen Werkzeug eine Web-Seite erstellen, welche die Informationen enthält, die Sie anderen zur Verfügung stellen möchten. Übermitteln Sie diese Seite dann an einen Web-Server, um sie der Allgemeinheit zugänglich zu machen.

Sie benötigen einen Browser, um auf die Inhalte des WWW zugreifen zu können. Die bekanntesten Browser für den PC sind der Internet Explorer von Microsoft und der Navigator von Netscape. In Abbildung 4.2 sehen Sie die Darstellung einer Web-Seite im Internet Explorer. Fragen Sie in Ihrer Hochschule nach, welcher Browser dort unterstützt wird, und lassen Sie sich den Umgang damit erklären.

Der Ausdruck Web-Seite ergibt sich daraus, daß Sie die Inhalte Seite für Seite betrachten. Wenn die darzustellenden Informationen mehr als eine Seite füllen, werden die Seiten mit Hilfe sog. Links miteinander verknüpft. Wenn ein Benutzer nun Ihre Seiten durchgeht und auf eine derartige Verknüpfung, die z.B. durch unterstrichenen Text dargestellt wird, stößt und diese anklickt, gelangt er sofort auf die verknüpfte Seite. Die Vielfalt des WWW wird noch beeindruckender, wenn Sie auf Ihren

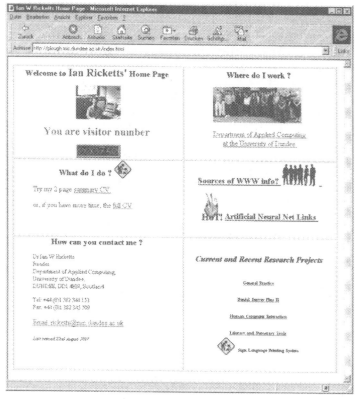

Abb. 4.2. Durchsuchen Sie das WWW mit Hilfe des Microsoft Internet Explorer.

Seiten Links zu weiteren Seiten zum gleichen Thema einfügen. Die Bezeichnung World Wide Web ist durchaus passend.

Browser verfügen über zahlreiche Befehle, die Ihnen die Suche nach Informationen im WWW erleichtern. Dazu gehören normalerweise ein Adreßbuch, in dem Sie die Adressen Ihrer bevorzugten Sites eintragen können, oder das Speichern des Inhalts einer Seite in einer Datei. Diesen Inhalt können Sie dann anschließend in einer Textverarbeitung weiterverarbeiten oder in eine E-Mail umwandeln.

Bis jetzt wäre das WWW eine ziemlich frustrierende Angelegenheit. Es wäre wie ein Telefon, das mit einem internationalen Netzwerk verbunden wäre, ohne daß Sie Zugriff auf ein Telefonbuch oder eine Auskunft hätten. Wie erfahren Sie die Adressen der Seiten, die für Sie von Interesse sind? Die Antwort ist eine sog. *Suchmaschine*. Eine Suchmaschine stellt sich dem Benutzer wie eine WWW-Seite dar, in der nach einem oder mehreren Schlüsselbegriffen sowie einem Themenbereich gefragt wird. Die Suchmaschine stellt mit Hilfe dieser Angaben eine Liste von WWW-Sites zusammen, die Informationen zu den eingegebenen Themen enthalten sollen. Eine meiner bevorzugten Suchmaschinen ist Alta Vista von DEC (www.altavista.dec.com). In Abbildung 4.3 sehen Sie ein Beispiel für ihre Verwendung.

Über die WWW-Adresse http://www.computing.dundee.ac.uk/ search.html haben Sie einfachen und schnellen Zugriff auf diverse bekannte Suchmaschinen. Die verschiedenen Möglichkeiten sehen Sie in Abbildung 4.4.

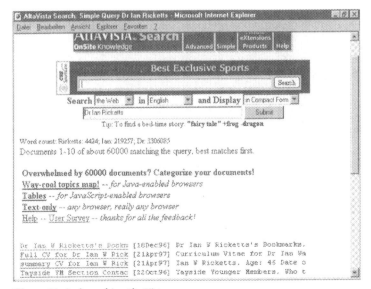

Abb. 4.3. Die Suchmaschine Alta Vista

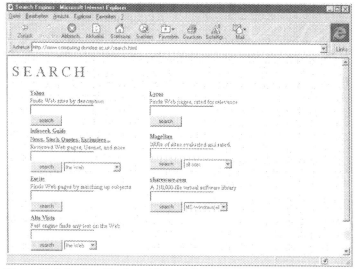

Abb. 4.4. Einfacher Zugriff auf verschiedene bekannte Suchmaschinen

4.3.4
Newsgroups

Newsgroups stellen eine weitere nützliche Informationsquelle dar. Sie können sie als das elektronische Gegenstück zu einem schwarzen Brett ansehen. Dort können Sie eine Notiz anbringen, die von jedem gelesen werden kann. Jeder Leser Ihrer Notiz kann eine Antwort an die Newsgroup oder an Sie persönlich richten, wenn Sie Ihre E-Mail-Adresse angegeben haben.

Ich verwende für den Zugriff auf Newsgroups Microsoft Internet News. In Abbildung 4.5 sehen Sie ein typisches Beispiel für den Zugriff auf eine Newsgroup (in diesem Fall eine zu künstlichen neuronalen Netzen, comp.ai.neural-nets). Fragen Sie an Ihrer Hochschule nach, welche Newsreader unterstützt werden, und holen Sie sich bei Problemen ebenfalls dort Unterstützung.

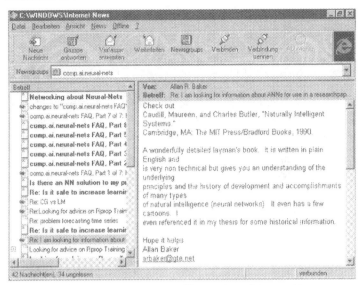

Abb. 4.5. Zugriff auf eine Newsgroup mit Hilfe von Microsoft Internet News

Wenn Sie im Umgang mit Newsgroups ungeübt sind, sollten Sie zunächst einfach dem Geschehen der Newsgroup folgen (lesen Sie erst einmal die FAQs (Frequently Asked Questions, und stellen Sie so sicher, daß Ihre Frage nicht früher schon beantwortet worden ist). Wenn Sie sicher sind, daß Ihre Frage neu und der Newsgroup angemessen ist, senden Sie diese, und warten Sie auf eine Antwort. Die Geschwindigkeit und Qualität der Antworten in einer Newsgroup machen diese zu einer wertvollen Ressource. Bedenken Sie jedoch, daß sich in der Newsgroup nicht nur Experten finden.

Wenn Sie sich im Internet bewegen, stellen Sie sicher, daß Sie niemanden durch den Inhalt Ihrer Nachrichten kompromittieren. Auch in Ihrer Hochschule wird es Vorgaben für die *Netiquette* geben, wie den *Code of Conduct for the Use of Computing Facilities* (http://www.dundee.ac.uk/ITServices/condecond.htm) in Dundee. Stellen Sie sich einfach die Frage, ob Sie wollten, daß der Inhalt Ihrer Nachricht in der örtlichen Zeitung zusammen mit Ihrem Namen und Ihrer Adresse veröffentlicht wird. Denken Sie daran, daß Millionen von Menschen

Zugriff auf die Newsgroup haben, von denen einige bestimmt in Ihrem Heimatort leben.

4.3.5
WWW-Archive

Eine große Anzahl von Sites im Internet bietet den Zugang zu Software-archiven an, deren Inhalt frei zugänglich ist, so daß Sie Teile davon auf Ihren Computer herunterladen können.

Das Higher Education National Software Archive (HENSA) enthält z.B. Software für die meisten Bildungsbereiche. Andere Sites dagegen enthalten Software, Texte und Daten zu speziellen Gebieten, wie etwa genetische Algorithmen (http://www.aic.nrl.navy.mil/galist/) oder Daten zu selbstlernenden Datenbanken (ftp://ics.uci.edu/pub/machine-learning-databases/).

Welchem Projekt Sie auch gegenüberstehen, die Wahrscheinlichkeit ist doch groß, daß sich jemand bereits mit ähnlichen Dingen beschäftigt

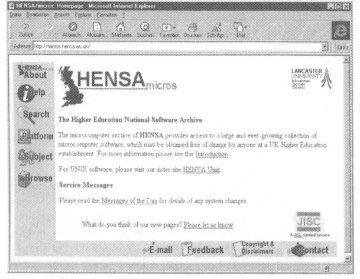

Abb. 4.6. Zugriff auf ein WWW-Archiv mit Hilfe des Microsoft Internet Explorer

und seine Arbeit über das Internet zur Verfügung gestellt hat. Nehmen Sie sich die Zeit, diese Daten mit Hilfe des WWW zu suchen und zu lesen. Vielleicht besteht sogar die Möglichkeit, die Software und die Datenmengen zu erhalten, so daß Sie nachvollziehen können, wie die Ergebnisse erzielt wurden, oder sogar einige Experimente wiederholen können.

Wenn Sie eine Lösung für das Problem eines Kunden erstellen, sind Sie sicher, daß sie neu ist, und Sie können deren Effektivität evtl. sogar an Datenmengen demonstrieren, die schon für andere Lösungsansätze verwendet wurden.

Denken Sie daran, diejenigen ausdrücklich zu nennen, auf deren Ergebnissen Sie aufbauen. Machen Sie Ihre Ergebnisse ebenfalls in einer Newsgroup publik, damit auch andere von ihnen profitieren können. Sie könnten sogar Ihre Software und Ihren Bericht ins WWW stellen, so daß die nächste Generation von Studierenden von Ihnen profitieren kann.

Wenn Sie andere WWW-Archive suchen, starten Sie Ihren Browser, gehen Sie zu Ihrer bevorzugten Suchmaschine, und lassen Sie diese nach „archives" suchen. Sie können auch die Site von jemandem aufsuchen, von dem Sie wissen, daß er im selben Bereich tätig ist. Dort finden Sie dann evtl. nützliche Links, so daß Sie nicht suchen müssen.

Schließlich sollten Sie eine Forschungsdatenbank zusammenstellen, indem Sie lokale und entfernte Ressourcen kombinieren. Sie sollten dann dieses Wissen nutzen, um zu entscheiden, wo Sie mit Ihren eigenen Forschungen ansetzen, damit Sie nicht zu viele Ressourcen vergeuden, indem Sie Lösungen suchen, die jemand bereits vor Ihnen erarbeitet hat.

5 Auswahl der Berichtswerkzeuge

Ein Grund dafür, daß das Tierreich heute von Menschen regiert wird, liegt darin, daß wir gelernt haben, Werkzeuge zu benutzen.

In diesem Abschnitt wird eine Reihe von Werkzeugen behandelt, die Ihnen bei der Erstellung von Berichten behilflich sein werden. Jedoch ist für alle eine gewisse Erfahrung im Umgang mit Tastaturen erforderlich, und wenn Sie das Blindschreiben noch nicht beherrschen sollten, ist der Anfang eines Projekts der richtige Zeitpunkt, um mit dem Erwerb dieser Fähigkeit zu beginnen.

5.1
Erlernen des Zehnfingersystems

Das Zehnfingersystem können Sie sich in etwa 20 Übungsstunden mit einem der vielen computerbasierten Lernprogramme zum Blindschreiben selber beibringen. Am Ende der 20 Übungsstunden werden Sie nicht so weit sein, nach Gehör tippen zu können, aber schneller als mit einem Stift wird das Schreiben allemal vonstatten gehen. Sie werden diese Investition in Übungsstunden nicht nur wettmachen, sobald es an die Erstellung des abschließenden Berichts geht, Sie werden auch Geld sparen, weil Sie es als effizienter erachten werden, Ihren eigenen Bericht zu erstellen, anstatt die Dienste eines Sekretärs in Anspruch zu nehmen.

Wenn Sie das Zehnfingersystem erst einmal beherrschen, erhalten Sie jedesmal den verdienten Lohn, wenn Sie eine Computertastatur benutzen, und da Sie sich am Anfang Ihrer Karriere als Informatiker befinden, werden Sie in der Lage sein, in Zukunft eine beträchtliche Menge an Zeit und Mühen zu sparen.

5.2
Verwendung einer Textverarbeitung zum Schreiben Ihres Berichts

Ich kann Ihnen nur raten, sich mit einem der an Ihrer Universität verfügbaren Textverarbeitungsprogramme anzufreunden. Die Fähigkeiten, die Sie dabei entwickeln, werden Ihnen nicht nur beim Erstellen Ihres Projektberichts zugute kommen, sondern auch beim Erstellen eines Lebenslaufes, dem Schreiben von Bewerbungen und der Anfertigung von Berichten und Aufsätzen für die unzähligen von Ihnen zu besuchenden Lehrveranstaltungen. Ihre Fachbereichsleiter sollten ein bestimmtes Softwarepaket empfehlen und mit Ratschlägen für die Beschaffung und Unterstützung bei der Verwendung dienen können.

Microsoft Word ist eines der beliebteren Textverarbeitungsprogramme an meiner Universität, und es ist das Textverarbeitungsprogramm der Wahl innerhalb meines Fachbereichs. Ich erstelle damit alle meine Briefe, Mitteilungen, Vorlesungsnotizen, Forschungsanträge und Artikel. Als eine Folge kann ich Dokumente mit meinen Kollegen austauschen und Unterstützung bekommen, wann immer ich auf Probleme stoße oder neue Möglichkeiten ausloten möchte.

Ich habe mich auch bei der Erstellung dieses Buches für Microsoft Word entschieden und werde jetzt einige der Möglichkeiten ansprechen, die von diesem und den meisten anderen Textverarbeitungsprogrammen angeboten werden.

5.2.1
Übersichten als Hilfe bei der Erstellung von Berichten

Beim Schreiben langer Dokumente stößt man üblicherweise auf das Problem, für welchen Aufbau man sich entscheiden soll, um die gewünschten Informationen mitzuteilen. Die Lösung besteht in der Anwendung eines mitwachsenden Aufbaus, der auch unter der Bezeichnung Übersicht bekannt ist. Das Vorgehen entspricht demjenigen beim Planen eines Aufsatzes mit Stift und Papier. Sie beginnen, indem Sie sich für eine Überschrift der obersten Ebene bzw. einen Arbeitstitel entscheiden. Anschließend erzeugen Sie eine Auflistung von Überschriften der zweiten Ebene, die kurze Formulierungen zu Erweiterungen des Titels enthalten. Dann schaffen Sie für die Überschriften der zweiten Ebene eine Unterteilung in Überschriften der dritten Ebene usw. und erzeugen somit eine Überschriftenhierarchie. Ein Beispiel:

Karate – Kämpfen für die Kondition
    Kata – Erlernen der standardmäßigen Verteidigungsbewegungen
    Kumite – Üben vorgegebener Bewegungen mit einem Gegner
    Freistil – Üben nicht vorgegebener Bewegungen mit einem Gegner

Das Zusammenstellen der Überschriftenhierarchie erfordert von Ihnen eine Entscheidung über die Länge des letztendlichen Dokuments. Wenn es in Ihrem Fachbereich eine Richtlinie für die Länge eines Berichts gibt, beispielsweise eine maximale Seitenanzahl und vorgegebene Überschriften, dann nutzen Sie diese. Sollte so eine Richtlinie nicht vorhanden sein, schlage ich Ihnen vor, fünf Abschnitte mit insgesamt 60 Seiten einzuplanen, wie es im nachfolgenden Kapitel vorgestellt wird, und diese Planung mit Ihrem Dozenten zu besprechen.

Sobald Sie sich für einen Gesamtumfang entschieden haben, schlage ich vor, daß jeder Abschnitt 5–15 Seiten (Zielwert 10) umfassen sollte, daß jede Seite 1–5 Überschriften (Zielwert 2) enthalten sollte und daß Sie, einschließlich des Titels, höchstens vier Überschriftenebenen verwenden sollten.

Sie sollten die Übersicht beim Erweitern immer wieder durchsehen und die Reihenfolge der Überschriften und Unterteilungen solange anpassen, bis Sie überzeugt sind, eine optimale Reihenfolge für die Übersicht gefunden zu haben (oder bis die für diese Tätigkeit eingeräumte Zeit ausgeschöpft ist). Dann können Sie damit beginnen, jede Unterteilung mit entsprechenden Absätzen und Sätzen aufzufüllen.

Mit dem Aufkommen von PCs erschienen in Form von Textverarbeitungen auch Werkzeuge, die bei der Erstellung von Übersichten behilflich waren. Wie mit Stift und Papier können Sie eine Liste von Überschriften und Unterteilungen anfertigen, nur daß Ihnen die Bearbeitungsmöglichkeiten einer Textverarbeitung es darüber hinaus ermöglichen, die Überschriften so lange umzusortieren, bis Sie mit der Strukturierung zufrieden sind. Sie können sogar nach Belieben zusätzliche Überschriften und Unterteilungen einfügen.

Sobald die Übersicht erstellt ist, können Sie mit der Eingabe der zu den Überschriften gehörenden Sätze beginnen. Leider kommt jetzt der Zeitpunkt, zu dem selbst bei verhältnismäßig kleinen Dokumenten der

Überblick über die beabsichtigte Struktur des Dokuments leicht verloren geht. Mit dem Anwachsen des Textumfangs sind immer weniger Überschriften gleichzeitig auf dem Bildschirm sichtbar, wodurch ein Vergegenwärtigen der Gesamtstruktur erschwert wird. Allerdings ermöglichen es Ihnen die Übersichtswerkzeuge von Textverarbeitungen, auf einen Tastendruck hin den Text, falls gewünscht, zu verbergen oder anzuzeigen. Damit können Sie einfach und schnell zwischen einer Volltextansicht und der Übersicht hin- und herschalten, um sich die von Ihnen definierte zugrundeliegende Struktur noch einmal zu vergegenwärtigen. Darüber hinaus können Sie sogar auswählen, welche Teile des Dokuments in der Übersicht zu sehen sein sollen und welche nicht.

Als Beispiel folgen nun drei Ansichten desselben Dokuments, wie sie mit Hilfe des Übersichtenwerkzeugs zu sehen wären. Zuerst bekommen wir bei der ausschließlich sichtbaren oberen Überschriftenebene folgendes zu sehen:

1 *Einleitung*
2 *Planung eines Projekts*
3 *Ausführung des Projektplans*
4 *Erstellen des Berichts*
5 *Zusammenstellung Ihrer Forschungsdatenbank*
6 *Umgang mit dem Dozenten*
7 *Veröffentlichung Ihres Berichts*
8 *Umgang mit Streß*

Als nächstes haben wir uns entschieden, drei Überschriftenebenen zu betrachten, so daß wir weitere Einzelheiten der Struktur erkennen:

1 *Einleitung*
2 *Planung eines Projekts*
   2.1 *Ermittlung der Tätigkeiten bei dem Projekt*
   2.2 *Abschätzung des Entwicklungsaufwands für die einzelnen Phasen*
        2.2.1 *Aufteilung des Aufwands auf die Projekttätigkeiten*
        2.2.2 *Zeitplan für das Projekt*
   2.3 *Eine alternative Aufteilung des Aufwands*
        2.3.1 *Aufteilung des Aufwands bei einer 2-Stufen-Entwicklung*
        2.3.2 *Zeitplan für das Projekt bei einer 2-Stufen-Entwicklung*
   2.4 *Umsetzung des Aufwands in Produktionsschritte*

2.4.1 *Abschätzung der Zeilenanzahl im Quelltext*
2.4.2 *Aufwandsabschätzung für ein ausführliches Design*
2.4.3 *Aufwandsabschätzung für den Projektbericht*
2.4.4 *Aufwandsabschätzung für das Testen der Projektsoftware*
2.5 *Ermittlung der Komponenten und Meilensteine*
2.6 *Überprüfung Ihres Projektplans*
3 *Ausführung des Projektplans*
4 *Erstellen des Berichts*
5 *Zusammenstellung Ihrer Forschungsdatenbank*
6 *Umgang mit dem Dozenten*
7 *Veröffentlichung Ihres Berichts*
8 *Umgang mit Streß*

Abschließend haben wir uns entschieden, alle Überschriften sowie die zum Abschnitt 2.4.1 gehörigen Sätze zu betrachten:

1 *Einleitung*
2 *Planung eines Projekts*
2.1 *Ermittlung der Tätigkeiten bei dem Projekt*
2.2 *Abschätzung des Entwicklungsaufwands für die einzelnen Phasen*
2.2.1 *Aufteilung des Aufwands auf die Projekttätigkeiten*
2.2.2 *Zeitplan für das Projekt*
2.3 *Eine alternative Aufteilung des Aufwands*
2.3.1 *Aufteilung des Aufwands bei einer 2-Stufen-Entwicklung*
2.3.2 *Zeitplan für das Projekt bei einer 2-Stufen-Entwicklung*
2.4 *Umsetzung des Aufwands in Produktionsschritte*
2.4.1 *Abschätzung der Zeilenanzahl im Quelltext*
Sie sollten in der Lage sein, 60 Zeilen kommentierten Quelltext pro Tag zu erzeugen. Das setzt voraus, daß Sie bereits ein ausführliches Design erstellt haben und das Testen und die Fehlerbeseitigung als vom Programmieren abgetrennte Tätigkeiten betrachtet werden. Unter der Voraussetzung, daß wir ein 20-Wochen-Projekt planen, ergibt sich damit nach dem in der Abbildung 2.4 dargestellten Zeitplan des Projekts, daß die Programmierung nach drei Arbeitswochen bzw. fünfzehn Arbeitstagen abgeschlossen ist. Damit sind Sie also in der Lage, maximal 900 Zeilen Quelltext zu erzeugen.

> *Kein Modul sollte mehr als eine Seite, also etwa 50 Zeilen*
> *Quelltext, umfassen. Damit wären die 900 Zeilen Quelltext*
> *also in mindestens achtzehn einzelnen Modulen enthalten.*

Bei Verwendung des Übersichtenwerkzeugs können Sie auswählen, was verborgen und was angezeigt wird. Sie können innerhalb des Übersichtenwerkzeugs auch weitere Überschriften oder Sätze in Ihren Bericht einfügen und ihn somit erweitern, während Sie gleichzeitig einen klaren Überblick über seine Gesamtstruktur behalten.

Wie bei allen Werkzeugen müssen Sie sich etwas Zeit nehmen, um den Umgang mit dem Übersichtenwerkzeug zu erlernen. Aber sobald Sie es beherrschen, wird es die anfängliche Investition großzügig erstatten. Vorausgesetzt, Sie kennen sich mit den grundlegenden Fähigkeiten des Textverarbeitungsprogramms aus, sollten Sie nicht länger als zwei Stunden benötigen, um mit Übersichten klarzukommen.

5.2.2
Anlegen eines Inhaltsverzeichnisses

Ein Inhaltsverzeichnis gibt einen knappen Überblick über die Struktur und den Inhalt Ihres Berichts. Das Zusammenstellen des Inhaltsverzeichnisses war bislang eine Aufgabe, mit der erst nach Vollendung des Textkörpers begonnen wurde, weil das Zusammenstellen der Überschriften mit den entsprechenden Seitenzahlen sehr zeitaufwendig war und jede nachträgliche Änderung im Textkörper eine erneute Anpassung des Inhaltsverzeichnisses erfordern konnte. Heutzutage wird die Erzeugung von Inhaltsverzeichnissen von modernen Textverarbeitungen nahezu automatisch erledigt. Üblicherweise brauchen Sie nur die Ebene, bis zu der Überschriften einbezogen werden sollen, beispielsweise Überschriften der ersten beiden Ebenen, und die Formatierung für die Seitennumerierung des Inhalts festzulegen. Anschließend wird das Inhaltsverzeichnis auf Tastendruck generiert und an einer Position Ihrer Wahl in Ihr Dokument eingefügt.

Die Leichtigkeit und Geschwindigkeit, mit der Sie ein Inhaltsverzeichnis zusammenstellen können, gepaart mit der vom Übersichtenwerkzeug angebotenen Strukturierung von Überschriften und Unterteilungen, bedeutet für Sie, daß es sehr einfach ist, während der Erstellung des Berichts ein fehlerfreies Inhaltsverzeichnis zu unterhalten.

Es folgt die Kopie eines für einen frühen Entwurf dieses Buchabschnitts erzeugten Inhaltsverzeichnisses. Wie Sie an den Seitenzahlen erkennen können, waren verschiedene Abschnitte zu dem Zeitpunkt nur als Übersicht vorhanden, und der Inhalt des letztendlichen Buches umfaßt, wie ein Blick in das vorhandene Inhaltsverzeichnis verrät, verschiedene größere Änderungen.

(Teilweiser) Inhalt eines frühen Entwurfs

Damit können Sie und Ihr Dozent das Inhaltsverzeichnis Ihres Berichts-
entwurfs nutzen, um den Fortschritt zu überwachen, da die zu jedem
Abschnitt gehörenden Seitenzahlen mit jeder neuen Fassung anwachsen.

5.2.3
Anlegen eines Schlagwortregisters

Ein Schlagwortregister wird angelegt, um den Lesern bei der Suche nach
einem bestimmten Eintrag im Bericht zu helfen. Die Erstellung ist bei
heutigen Textverarbeitungsprogrammen, wie die bereits behandelte
Erstellung des Inhaltsverzeichnisses, weitgehend automatisiert.

Um ein Schlagwortregister zu erzeugen, müssen Sie zuerst alle diese-
nigen Wörter und Ausdrücke in Ihrem Bericht markieren, die in das
Schlagwortregister einbezogen werden sollen. Die Deklaration jedes
Eintrags erfordert üblicherweise einen einzigen Tastendruck. Sobald Sie
alle Registereinträge ausgewählt haben, gehen Sie zu dem Abschnitt
Ihres Berichts, in den Sie das tabellarische Schlagwortregister mit dem
entsprechenden Befehl einfügen wollen. Wie anhand des Beispiels zu

sehen ist, enthält das eingefügte Schlagwortregister alle von Ihnen ausgewählten Worte und Ausdrücke sowie die zugehörige Seitenzahl.

Schlagwortregister

Ada 23
BASIC 199
FORTRAN ... 132
Pascal 45
Z 33

Sie können Ihre Auswahl von Registereinträgen mit fortschreitendem
Bericht überarbeiten und das tabellarische Schlagwortregister mit gerin-
ger Verzögerung neu aufbauen. Bei der Leichtigkeit, mit der das Schlag-
wortregister erzeugt werden kann, schlage ich vor, daß Sie Ihr erstes
Schlagwortregister erstellen, während Sie den ersten Abschnitt Ihres
Berichts schreiben, und daß Sie die Einträge aufgrund sowohl Ihrer
Erfahrung als auch der des Dozenten bei der Verwendung des Schlag-
wortregisters überarbeiten und ergänzen.

5.2.4
Rechtschreib- und Grammatikprüfung

Es gibt eine verschwindend kleine Anzahl von Verfassern, die keine Fehler in der Rechtschreibung oder der Grammatik machen. Wir übrigen
müssen unser Werk sehr sorgfältig überprüfen und diejenigen Fehler
entfernen, die wir finden, bevor wir diese Aufgabe einem anderen Leser
aufbürden. Wie Sie es sicherlich von Briefen her kennen, können Sie
sich, sobald eine gewisse Fehlerhäufigkeit in dem Text wahrgenommen
wird, nicht länger als Leser (oder Prüfer) auf den Inhalt konzentrieren
und wechseln in die Rolle eines den Text untersuchenden Redakteurs.
Das ist natürlich eine unerwünschte Rolle für jeden Leser Ihres Ab-
schlußberichts.

Die meisten Textverarbeitungsprogramme bieten für die deutsche
Sprache eine Rechtschreibprüfung an, und es wäre klug von Ihnen, dieses Angebot auch wahrzunehmen. Die Rechtschreibprüfung stellt nach
dem Aufruf sicher, daß jedes in Ihrem Text vorkommende Wort im dazu
geöffneten Hauptwörterbuch enthalten ist. Sie wird Sie auf jede Aus-

nahme hinweisen und eine alternative Schreibweise vorschlagen. Sie können mit einem einzigen Tastendruck eine der alternativen Schreibweisen auswählen, und sie ersetzt den Schreibfehler in Ihrem Text. Die meisten Rechtschreibprüfungen unterstützen auch den Einsatz zusätzlicher Benutzerwörterbücher, die sich aus den von Ihnen verwendeten und als korrekt befundenen Ausnahmen zusammensetzen, so daß sich das System an Ihr eigenes Vokabular anpaßt.

Grammatikprüfungen, die hauptsächlich für die englische Sprache erhältlich sind, reichen in ihrer Komplexität von den einfachsten, die Wortwiederholungen erkennen, bis zu denen, die sich daran versuchen, die Syntax Ihrer Sätze zu überprüfen. Die Syntax der englischen Sprache ist nicht allzu streng definiert, so daß die Grammatikprüfungen erheblich von Benutzereingaben abhängen. Einige Grammatikprüfungen erzeugen auch Statistiken zur Lesbarkeit Ihres Textes, die sich als ziemlich hilfreich erweisen können.

Die Grammatik der deutschen Sprache erweist sich als so komplex, daß die bislang vorhandenen Versuche, ihr mit Hilfe von Programmen zu Leibe zu rücken, ruhigen Gewissens unberücksichtigt bleiben können. Wortwiederholungen werden häufig bereits durch die Rechtschreibprüfung erkannt und alle weiteren Überprüfungen sorgen in der Regel eher für Heiterkeitsausbrüche beim Anwender, als daß sinnvolle Korrekturen zustande kämen.

Ich rate Ihnen, eine Rechtschreibprüfung anzuwenden und – im Falle der englischen Sprache – diejenigen Elemente einer Grammatikprüfung in Erwägung zu ziehen, die sich als hilfreich erweisen. Aber am wichtigsten ist es, immer den gesamten von Ihnen geschriebenen Text sorgfältig durchzulesen, da Sie nach dem beurteilt werden, was Sie geschrieben haben und nicht nach dem, was Sie eigentlich hätten schreiben wollen. Außerdem sind Computer zwar hilfreich, aber nicht perfekt.

Falls Sie noch irgendwelchen weiteren Ansporn benötigen sollten, betrachten Sie den folgenden Eintrag:

Ich über prüfe die Schrei b Weise derbe richte.
Daß hilft da bei, die Fehler zahl zu wer ringen
aber ich las es nie aus, in ein zwei Tees Mahl zu lesen.

5.3
Erstellung von Graphen und Diagrammen

Lesern fällt es leichter, Zahleninformationen aufzunehmen, wenn diese als Graph oder Diagramm dargestellt werden. So ist beispielsweise ein Tortendiagramm, wie in der Abbildung 5.1, eine leichter zu erfassende Möglichkeit, um die Aufteilung des Aufwands für ein Projekt zu veranschaulichen:

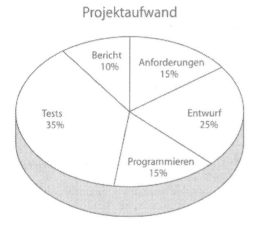

Im Gegensatz dazu eine Tabelle mit Werten:

Tätigkeit	%
Anforderungen	15 %
Design	25 %
Programmierung	15 %
Tests	35 %
Bericht	10 %

Das Problem, das wir zu lösen wünschen, besteht darin, wie eine wirksame Darstellung, z.B. eine, die das Verständnis des Lesers fördert, mit einem Minimum an Aufwand erzeugt werden kann. Eine Möglichkeit, dies zu erreichen, besteht im Einsatz eines Hilfsprogramms zur Erzeugung von Graphen, das in die für die Erstellung des Berichts verwendete Textverarbeitung integriert ist.

Bei den meisten Hilfsprogrammen für Graphen erfolgt die Dateneingabe in Tabellenform, und anschließend ermöglicht ein Menü den Zugriff auf eine Reihe von grafischen Ausgaben, zu denen Linien- und Tortendiagramme, XY-Streubilder sowie Kombinationen dieser Komponenten und dreidimensionale Ausführungen gehören.

Ein gutes Hilfswerkzeug wird von Ihnen die einmalige Eingabe der Daten verlangen und es Ihnen anschließend ermöglichen, die vielen Ausgabemöglichkeiten mit wenigen Tastendrucken auszuprobieren, bis Sie ein Ausgabeformat gefunden haben, das Ihren Bedürfnissen entspricht. Sobald Sie die von Ihnen gewünschte Art der grafischen Ausgabe ermittelt haben, können Sie die vom Hilfsprogramm angebotenen Vorgaben ändern (z.B. Schriften ändern, Achsen beschriften, Bereiche von besonderem Interesse hervorheben), bevor die letztendliche Anzeige als Teil Ihres Dokuments eingefügt wird. Ein integriertes Hilfsprogramm für Graphen ermöglicht Ihnen auch nachträgliche Änderungen der Eingabedaten und des Ausgabeformats.

Als Beispiel wurden die folgenden grafischen Darstellungen, einschließlich der Dateneingabe, in weniger als zehn Minuten unter Verwendung von Microsoft Graph innerhalb des Textverarbeitungsprogramms Microsoft Word erzeugt:

	Anford.	Design	Progr.	Test	Bericht
Bernd	3	5	3	7	2
Anja	2	2	5	5	4
Emma	4	3	5	3	6
Alex	5	1	2	1	5

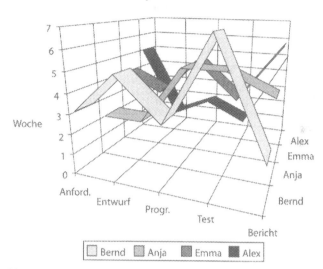

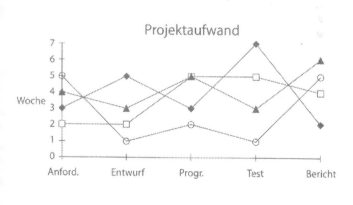

Abb. 5.2. Eine mit Microsoft Graph erzeugte Darstellung eines 3D-Graphen

Abb. 5.3. Eine mit Microsoft Graph erzeugte Darstellung eines 2D-Graphen

5.4
Verwendung von Grafikwerkzeugen
zur Illustration Ihres Berichts

Lassen Sie uns nun betrachten, auf welche Unterstützung Sie für das Erzeugen und Einbinden von Zeichnungen in Ihren Bericht zurückgreifen können. Wiederum gibt es eine Vielzahl von verschiedenen und gut integrierten Hilfsprogrammen, die auf diversen Computern laufen. Ich möchte sie hier nicht alle betrachten, sondern vielmehr aufzeigen, was sich auf diese Weise mit verhältnismäßig wenig Aufwand erreichen läßt.

Ein Grafikwerkzeug enthält eine Vielzahl von Hilfsmitteln zum Erzeugen Ihrer Zeichnungen in dessen eigener Umgebung, bevor sie in Ihren Bericht aufgenommen werden. Diese Werkzeuge, die üblicherweise per Maus bedient werden, bieten Ihnen die Möglichkeit, die grundlegenden Elemente Linien, Kurven, Texte, Kreise und Rechtecke zu erzeugen. Alle Elemente können ausgewählt werden und lassen sich dann verschieben, kopieren und in der Größe ändern. Es können mehrere verschiedene Elemente zusammen ausgewählt und dann als eine Gruppe gehandhabt werden.

Ist eine Zeichnung einmal erstellt worden, kann sie erneut in das Grafikwerkzeug geladen und dort überarbeitet werden. Sie können auch Gruppen von Elementen aus einer Zeichnung kopieren, um damit das Erstellen einer ähnlichen aber doch unterschiedlichen Zeichnung zu erleichtern. Wenn Sie erst einmal eine Bibliothek grundlegender Zeichnungen zusammengestellt haben, wird das Erstellen von Zeichnungen zu einer sehr viel schnelleren und einfacheren Tätigkeit. In der Abbildung 5.4 ist als Beispiel ein Blockdiagramm eines Computers dargestellt, das als Bestandteil einer Prüfungsfrage erzeugt wurde, aber genau so gut als Bestandteil der Dokumentation für einen Bericht herhalten kann.

Wenn Sie eine solche Zeichnung zum ersten Mal erstellen, werden Sie vermutlich eine Stunde benötigen; aber hinterher wird das Erzeugen einer ähnlichen Zeichnung nur einen Bruchteil der Zeit in Anspruch nehmen. Sie können sich auch Standardbibliotheken mit Symbolen besorgen, um Ihre Produktivität zu erhöhen, oder eine Gruppe von Studenten, die dasselbe Grafikwerkzeug benutzt, kann als Alternative dazu eine gemeinsame Projektbibliothek erzeugen.

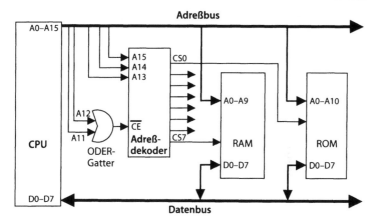

Abb. 5.4. Ein mit Microsofts Grafikwerkzeug erstelltes Blockdiagramm.

5.5
Verwendung von Formeln in Ihrem Bericht

Die Verwendung von Formeln in Berichten ist weit verbreitet. Stellen Sie sich vor, Sie müssen mehrere Integrale und Summenzeichen in den Formeln verwenden; bis vor gar nicht all zu langer Zeit hätten Sie dafür ein spezielles Textverarbeitungsprogramm verwenden müssen, das Sie mit mathematischen Symbolen versorgt hätte. Mittlerweile können Sie dies jedoch auch erreichen, indem Sie eines der üblichen Textverarbeitungsprogramme mit einem integrierten Formeleditor benutzen.

Als Beispiel dafür, was möglich ist, wurden folgende Gleichungen mit dem Formeleditor aus Microsoft Word erstellt:

$$\Phi(\alpha, \beta) = \int\limits_{0}^{\alpha} \int\limits_{0}^{\beta} e^{-(x^2+y^2)}\, dx\, dy$$

Ein Beispiel für eine Gleichung mit einer Matrix:

$$p(\lambda) = \det(\lambda \mathbf{I} - \mathbf{A}) = \begin{vmatrix} \lambda - a_{11} & \lambda - a_{12} \\ \lambda - a_{21} & \lambda - a_{22} \end{vmatrix}$$

Und abschließend ein einigermaßen komplexes Beispiel mit tief- und hochgestellten Indizes:

$$erf(z) = \frac{2}{\sqrt{\Pi}} \sum_{n=0}^{\infty} \frac{(-1)^n \; z^{2n+1}}{n! \; (2n+1)}$$

Keines der vorangegangenen Beispiele hat für die Erzeugung mehr als fünf Minuten von der kostbaren Zeit des Anwenders in Anspruch genommen.

Anders als bei einigen Formeleditoren bekommen Sie die Elemente der Gleichung bereits beim Erstellen zu Gesicht – was von Kennern mit dem Akronym WYSIWYG benannt wird, das für What-You-See-Is-What-You-Get (= Was-Sie-Sehen-Ist-Was-Sie-Erhalten) steht. Welches Hilfsprogramm Sie auch verwenden, ich kann Ihnen nur raten, sich für eines zu entscheiden, das WYSIWYG-fähig ist.

6 Schreiben des Berichts

Das Verkaufspersonal stellt die Schlüsselposition jeder erfolgreichen Firma dar. Es setzt sich üblicherweise aus sehr beeindruckenden Rednern zusammen, die einen großen Anteil der oberen Gehaltsempfänger ausmachen.

Studentenprojekte werden fast vollständig aufgrund von Berichten und Hausarbeiten bewertet. Daher sollte die Erstellung von Berichten von höchster Wichtigkeit für Sie sein. In diesem Kapitel werden wir uns damit beschäftigen, wie sowohl der Aufbau eines Berichts als auch dessen Inhalt mit den im vorangegangenen Kapitel eingeführten Werkzeugen erstellt wird.

6.1
Strukturierung des Berichts

Es folgt eine grobe Strukturierung für einen Bericht, der als Basis für eine Besprechung mit Ihrem Dozenten dienen kann. Das Ergebnis dieser Besprechungen wird in einer akzeptierten Form für Ihren abschließenden Bericht münden. Auch wenn die Erstellung des Berichts eine der letzten vervollständigenden Tätigkeiten in Ihrem Projekt sein sollte, handelt es sich dabei um den wichtigsten abzuliefernden Gegenstand. Sie sind daher gut beraten, gleich zu Beginn des Projekts eine strukturierte Übersicht für den Bericht zu erstellen, da Sie damit eine hervorragende Kontrollmöglichkeit für Ihre Tätigkeiten an die Hand bekommen.

Unter der Annahme, daß als Ziel ein 60 Seiten umfassender Bericht anvisiert wird, schlage ich vor, daß Sie den in der Abbildung 6.1 dargestellten Berichtsaufbau als Grundlage für Ihre erste Übersicht benutzen.

6.1.1
Titel

Der Titel des Berichts ist vermutlich eine der letzten Entscheidungen, die Sie treffen werden, weil dieser die endgültige Zusammenfassung eines Berichts darstellt und der genaue Titel in der Regel solange unklar ist, bis Sie den eigentlichen Text des Berichts fertiggestellt haben. Es ist üblich, vor der endgültigen Entscheidung einen Arbeitstitel zu verwenden, um so den Eindruck zu vermeiden, daß Sie sich noch nicht entschieden haben, was Sie eigentlich tun!

6.1.2
Danksagung

Hierbei handelt es sich um einen kurzen, aber wichtigen Abschnitt. Normalerweise tragen viele Leute etwas zu einem Projekt bei, aber in der Regel erscheint auf der Titelseite nur der Name des Autors. Die Danksagung gibt Ihnen die Möglichkeit, allen Menschen zu danken, die

Abschnitt	Umfang (Seiten)
Titel	1
Danksagung	1
Inhalt	1
Zusammenfassung	1
Einführung	15
Methodik	15
Ergebnisse	10
Schlußfolgerungen	8
Empfehlungen	3
Verweise	1
Bibliographie	1
Glossar	2
Schlagwortregister	1
Anhänge	
Quelltext-Listings	
Testverfahren	
Ausführliche Ergebnisse	
Projektplan	

Abb. 6.1. Grobe Strukturierung eines Berichts.

Sie bei Ihrem Vorhaben unterstützt haben. Falls Sie Probleme beim Aufzählen bekommen sollten, stellen Sie sich für einen Moment vor, daß Sie Ihr Projekt auf einer einsamen Insel durchführen müßten, aber jeden Helfer mitbringen können, der in diesem Abschnitt genannt wird.

6.1.3
Inhalt

Hierbei handelt es sich um einen kurzen Abschnitt, der eine Zusammenstellung der Kapitelüberschriften und Abschnittsüberschriften mit der jeweiligen Seitenzahl enthält. Es hilft den Lesern dabei, den Aufbau des Berichts zu erkennen und einen bestimmten Abschnitt schnell ausfindig zu machen. Um ein Zuviel an Einzelheiten zu vermeiden, schlage ich vor, nicht mehr als vier Überschriftenebenen einzubeziehen.

Ein Beispiel für ein Inhaltsverzeichnis finden Sie am Anfang dieses Buches.

6.1.4
Zusammenfassung

Dies ist üblicherweise einer der letzten zu schreibenden Abschnitte, da dessen Fertigstellung von Ihnen eine Beschreibung des gesamten Projekts in drei bis vier Absätzen erfordert, was nur möglich ist, wenn der Hauptteil des Berichts bereits vollständig ist.

6.1.5
Einführung

Die Einführung wird häufig als letzter der wesentlichen Bestandteile fertiggestellt, obwohl üblicherweise auch mit ihr begonnen wird. In diesem Abschnitt stellen Sie das Problem vor, dessen Lösung das Ziel Ihres Projekts ist. Material hierfür tragen Sie aus der Anforderungsanalyse und der Durchsicht der verwendeten Literatur zusammen.

6.1.6
Methodik

Dies ist wahrscheinlich der erste der wesentlichen Berichtsabschnitte, der fertiggestellt wird, da er die technische Beschreibung des Lösungsansatzes enthält, und üblicherweise ist dies der Berichtsabschnitt, mit dem Sie am Besten zurecht kommen. Er umfaßt auch das ausführliche Design der Komponenten der Softwarelösung. Hierbei müssen Sie eine Entscheidung darüber treffen, wie ausführlich die Beschreibung in diesem Abschnitt sein soll, was weitestgehend davon abhängig ist, für welchen anzupeilenden Umfang Sie sich zuvor entschieden haben.

Unter der Annahme, daß Sie in diesem Abschnitt nicht jede Einzelheit im Design jedes Moduls behandeln können, sollten Sie das Gesamtdesign und möglicherweise das ausführliche Design eines Moduls als Beispiel anbringen und die übrigen Einzelheiten des Designs im Anhang unterbringen und den Leser darauf verweisen.

6.1.7
Ergebnisse

Dies ist ein weiterer Abschnitt, der üblicherweise zu einem frühen Zeitpunkt fertiggestellt ist, da es sich beim Notieren von Ergebnissen um eine fortlaufende Tätigkeit handelt. Die Herausforderung bei diesem Abschnitt besteht darin, die Daten in einer Form zu präsentieren, die von den Lesern leicht aufgenommen wird, anstatt einfach den leichteren Weg einzuschlagen und die Daten in der Form darzustellen, wie der Computer sie geliefert hat.

Wir haben alle schon mit Schwierigkeiten Berichte gelesen, die Ergebnistabellen enthielten, die mit einer Genauigkeit dargestellt wurden, die einen sowohl zurückschrecken ließ als auch wahrscheinlich nicht für statistische Zwecke geeignet war. Um wieviel hilfreicher wäre es gewesen, eine grafische Zusammenfassung der Ergebnisse zu Gesicht zu bekommen, für welche die Einzelheiten in einem Anhang nachzuschlagen gewesen wären.

Die Herausforderung besteht also darin, herauszufinden, welche Darstellungsform am hilfreichsten für einen Leser ist. Eine Reihe von konkurrierenden Formatierungen wurde im vorangegangenen Kapitel eingeführt. Sie werden auf weitere einschlägige Beispiele stoßen, wenn

Sie die in Ihrem Fachbereich bereits vorhandenen Projektberichte zu Rate ziehen.

6.1.8
Schlußfolgerungen

Sie müssen bedenken, daß ein Leser nicht über Ihr Wissen über das Projekt verfügt und die Bedeutung der im vorangegangenen Abschnitt dargelegten Ergebnisse womöglich nicht einzuschätzen weiß. In diesem Abschnitt interpretieren Sie die Ergebnisse für die Leser und stellen klar, was für Sie das wesentliche Ergebnis des Projekts ist.

6.1.9
Empfehlungen

Nachdem das Projekt fast abgeschlossen ist und sich viele Erfahrungen damit angesammelt haben, befinden Sie sich in der idealen Situation, um Empfehlungen auszusprechen, z.B. für zukünftige Arbeitsbereiche. Wahrscheinlich können Sie alternative Lösungsansätze vorschlagen, deren Untersuchung sich als nützlich erweisen kann, z.B. sollte der Baker-Algorithmus untersucht und dessen Leistung mit der des Able-Algorithmus verglichen werden, oder Ihnen fallen alternative Vorgehensweisen zur Implementierung der Lösung, z.B. mit Parallelprozessoren, wodurch sich die Projektergebnisse verbessern würden, oder Werkzeuge und Techniken ein, mit denen die Interpretation der Ergebnisse erleichtert würde, z.B. 3D-Grafikanzeigen.

In diesem Abschnitt haben Sie die Möglichkeit, zukünftige Projekte zu beeinflussen und den Lesern die Ideen mitzuteilen, die Sie verfolgt hätten, wenn die Zeit es erlaubt hätte.

6.1.10
Verweise

Hierbei handelt es sich um einen zwar kurzen, aber dennoch wichtigen Abschnitt. Er enthält einen Eintrag für jede Abhandlung und jeden Artikel, auf die bzw. den Sie sich im Text des Berichts beziehen, mit allen notwendigen Angaben, so daß ein Leser sich ein eigenes Exemplar besorgen kann. Die Auflistung der Verweise ist üblicherweise mit Zahlen versehen oder wird alphabetisch vorgenommen, damit ein Leser einen bestimmten Eintrag schnell finden kann.

Im folgenden einige Beispiele für Verweise auf ein Kapitel eines Buches, einen Artikel in einer Zeitschrift, ein auf einer Konferenz ausgegebenes Papier und einen Projektbericht:

(1) **Intelligent Systems for Speech and Language Impaired People: A Portfolio of Research**, A.F. Newell, J.L. Arnott, A.Y. Cairns, I.W. Rikketts, P. Gregor, Extra-Ordinary Human Computer Interactions, A.D.N. Edwards (Hrsg.), S.83–102, ISBN 0-521-43413-0, Cambridge University Press, 1995.

(2) **Growth Screening and Urban Deprivation**, E White, A Wilson, SA Greene, W Berry, C. McCowan, A.Y. Cairns, I.W. Ricketts, J Med Screening (1995) 2, S.140–145.

(3) **Computer-Assisted Assessment and Management of Patients with Asthma – A Preliminary Report**, C. McCowan, R.G. Neville, A.Y. Cairns, I.W. Ricketts, F.C. Warnder, R.A. Clark und G.E. Thomas, Conference Proceedings Healthcare Computing 1997 Part 1, Pub. BJHC Ltd. Surrey (1997), S.117–121, ISBN 0948198265.

(4) **Bilateral Comparison of Breast Images to Detect Abnormalities**, E.A. Stamatakis, PhD Projektbericht, University of Dundee, 1995.

6.1.11
Bibliographie

Die Bibliographie enthält eine Liste von Büchern und Artikeln, die zwar für das Verständnis Ihres Projektberichts nicht wesentlich sind, den Lesern aber nützliche, weitergehende Informationen bieten. Üblicherweise beziehen Sie hier Verweise auf die Handbücher der für das Projekt verwendeten Betriebssysteme und Programmiersprachen mit ein. Die Auflistung kann auch eine Auswahl von einführenden Texten für das mit dem Projekt angesprochene Thema enthalten.

Die Formatierung der Bibliographieeinträge entspricht der im Abschnitt der Verweise, wobei zusätzlich ein oder zwei Sätze erklären sollten, warum Sie den Eintrag aufgenommen haben.

Eine Bibliographie mit der vorgeschlagenen Formatierung ist auch in diesem Buch zu finden.

6.1.12
Anhang

Der Anhang entspricht einem Sammelkasten für den Bericht. An diesem Ort können Sie Materialien aufbewahren, die Sie für ein genaueres Verständnis des Projekts beim Leser als wichtig erachten, die aber nicht im Hauptteil des Berichts erforderlich sind.

Weiterhin ermöglicht ein Anhang es Ihnen, den Hauptteil des Berichts auf ein für das Verständnis der Projekterrungenschaften benötigtes Minimum zu beschränken.

Zu den typischen Einträgen im Anhang gehören:

Quelltext-Listing   Hierbei handelt es sich um einen Ausdruck des gesamten Quelltextes des Projekts. Alle Module enthalten dabei erläuternde Kommentare.

Testverfahren   Alle für den Leser notwendigen Informationen, um die offengelegten Tests zu wiederholen und dadurch die Leistung der Projektsoftware zu überprüfen.

Ausführliche Ergebnisse   Die vollständigen Daten, aus denen die im Ergebnisabschnitt des Berichts dargestellten grafischen Zusammenfassungen erzeugt wurden.

Projektplan   Die letzte Fassung des Projektplans, die den tatsächlichen Aufwand jeder einzelnen Phase zusammen mit den Datumsangaben anzeigt, an denen die Endfassungen erzeugt wurden. Dies ist ein wertvoller Bestandteil der Projektgeschichte und wird von beträchtlichem Wert für Planungen zukünftiger Projekte sein.

Berichte der Projekt-Meetings   Die kurzen ein- oder zweiseitigen Berichte, die Sie zum Abschluß jedes Projekt-Meetings geschrieben haben, können sinnvollerweise im Anhang aufgenommen werden. Sie geben den Lesern des Projektberichts damit einen nützlichen Einblick in den

Fortschritt des Projekts und in die Art und Weise, in der Sie mit den unvermeidlich auftauchenden Problemen umgegangen sind.

Diskette Sie sollten Ihrem Projektbericht eine Diskette beilegen, die in Unterverzeichnissen folgende computerlesbaren Dateien enthalten sollte:

- eine „liesmich"-Datei, die den Inhalt der Diskette erläutert (im Wurzelverzeichnis);
- den vollständigen Projektbericht (im Unterverzeichnis **bericht**);
- den Quelltext der Projektdatei (im Unterverzeichnis **quelle**);
- eine Befehlsdatei, die eine ausführbare Version der Projektdatei erstellt (ebenfalls im Unterverzeichnis **quelle**);
- ausführbare Versionen aller Programme (im Unterverzeichnis **bin**);
- alle Testdaten (im Unterverzeichnis **testdata**);
- alle Ergebnisse (im Unterverzeichnis **ergebnis**);

Die Informationen auf dieser Diskette stellen eine wertvolle Quelle für zukünftige Projekte dar und können daneben als Grundlage für eine Veröffentlichung des Projekts über die Web-Site Ihres Fachbereichs oder vergleichbare Internetzugänge dienen.

Sie können ein Komprimierungswerkzeug für Dateien einsetzen, um den Umfang der auf der Diskette enthaltenen Dateien zu verringern. Diese Hilfsprogramme komprimieren Ihre Dateien in der Regel auf 10 % der Originalgröße, und bei Bedarf können Sie die Originalinhalte der Dateien ohne Informationsverlust wiederherstellen. Exemplare dieser Hilfsprogramme sind über die im Kapitel 4 eingeführten WWW-Archive erhältlich.

6.1.13
Glossar

Ein Glossar ist ein kleines Wörterbuch. Es enthält eine alphabetisch geordnete Auflistung der im Bericht verwendeten Fachausdrücke mit einer kurzen Erklärung. Es wird als eigenständiger Abschnitt eingebunden, so daß einerseits mit der Terminologie nicht vertraute Leser die vom Verfasser beabsichtigte Bedeutung herausfinden können und andererseits mit der Terminologie vertraute Leser nicht unnötig durch Erklärungen im Haupttext des Projektberichts unterbrochen werden.

Durch das Anlegen eines Glossars zeigen Sie außerdem, daß Sie auf die unterschiedlichen Bedürfnisse der Leser achten und daß Sie diesen so weit wie möglich helfen möchten. Jedoch haben Sie nur begrenzte Zeit und nicht ausreichend Platz für „Ein vollständiges Wörterbuch für Softwareprojekte", so daß Sie eine Auswahl treffen müssen.

Sie können in dem Glossar dieses Buchs nachschlagen, um ein Beispiel für eine mögliche Formatierung zu sehen.

6.1.14
Schlagwortregister

Ein Schlagwortregister oder Index ist eine unvollständige Auflistung der im Bericht vorkommenden Themen in alphabetischer Reihenfolge zusammen mit der/den Seitenzahl(en), auf denen die Themen zu finden sind. Es wird angelegt, um den Lesern dabei zu helfen, eine bestimmte Information zu finden, deren Plazierung im Text sich nicht offensichtlich aus der Betrachtung des Inhaltsverzeichnisses erschließt. Ein Beispiel:

A
Agenda für ein Projekt-Meeting • 82
Alkohol • 23

I
Index • 63
Inhalt • 2, 58
Internet • 62

P
Pflichtenheft • 73
Programmierung • 68, 87
Projektplan • 12

Ein Schlagwortregister kann unter Verwendung der von den meisten Textverarbeitungsprogrammen angebotenen Werkzeuge halbautomatisch zusammengestellt werden, wie im vorangegangenen Kapitel erläutert wurde.

6.2
Verbesserung der schriftlichen Fähigkeiten

6.2.1
Kurze Berichte: Legen Sie einfach los

Wenn ich nach einem kurzen Bericht von sagen wir einer halben Seite Länge gefragt werde, verwende ich in der Regel keinen niedergeschriebenen Plan, sondern versuche, mich eher der vier, fünf Gedanken zu erinnern, die ich mitteilen möchte, und schreibe einen ersten Entwurf. Dann beschäftige ich mich für einige Minuten mit etwas anderem, lese den Entwurf erneut durch und überarbeite ihn. Abhängig vom Inhalt verwende ich diesen „Einfach-drauf-los"-Ansatz für Dokumente bis zu einer Länge von einer Seite. Aber darüber hinaus geht es mir so, daß der Aufwand für das Überarbeiten der Entwurfsfassungen drastisch zunimmt, bis der Punkt erreicht ist, ab dem es mir nicht mehr gelingt, diese fertigzustellen.

6.2.2
Längere Berichte: Verwenden Sie einen „Top-Down"-Ansatz

An einem guten Tag kann es vorkommen, daß mir ein drei Seiten umfassendes Dokument mit dem „Einfach-drauf-los"-Ansatz gelingt, aber wahrscheinlicher ist es, daß ich eine Schreibblockade bekomme. Dann sitze ich da, starre auf die leere Seite und bin nicht in der Lage, mit dem Schreiben zu beginnen. Ich habe entweder keine Ideen oder zu viele und kann diese nicht lange genug voneinander trennen, um sie zu Papier zu bringen. Das ist eine ziemlich frustrierende Situation, so daß ich sie zu vermeiden versuche; und wenn es mir nicht gelingt, sie zu vermeiden, versuche ich, mich so schnell wie möglich daran zu erinnern, und komme zu einem Ende.

Um ein längeres Dokument zu erstellen, kommen bei mir verschiedene Ansätze zum Tragen. Ich unterteile die Aufgabe solange, bis sie handhabbar wird. Ich spalte die ursprünglich zusammenhängende Aufgabe in eine Reihe von kleineren und daher leichteren Aufgaben auf, die jeweils in der Erzeugung eines Teildokuments münden. Ich mache mir Notizen dazu, welche Gedanken in den jeweiligen Teildokumenten behandelt werden müssen, und stelle sicher, daß es sich bei der Gesamtheit der Gedanken um das handelt, was ich erreichen möchte. Sie können dies einen Dokumentenerstellungsplan nennen. Diese kleineren Dokumente, von denen keines länger als eine Seite wird, erstelle ich dann nach der „Einfach-drauf-los"-Methode.

Der „Top-Down"-Ansatz zum Erstellen eines Projektberichts besteht darin, sich die Übersicht der oberen Ebene vorzunehmen, z.B. die Kapitelüberschriften gemeinsam mit dem geschätzten Umfang, womöglich auf dem Rat aus dem vorangegangenen Abschnitt basierend. Als Beispiel:

Einführung (15 Seiten)
Methodik (15 Seiten)
Ergebnisse (10 Seiten)
Schlußfolgerungen (8 Seiten)
Empfehlungen (3 Seiten)

Anschließend sollten Sie jedes Kapitel unterteilen, indem Sie solange eine Reihe von Teilüberschriften und Unterteilungen samt deren geschätztem Umfang ermitteln, bis Sie jedes Dokument in Teilbereiche aufgespalten haben, bei deren Größe Sie sich sicher sind, daß Sie diese mit Hilfe des „Einfach-drauf-los"-Ansatzes bewältigen können.

Ein einführendes Kapitel zur Vorhersage von Aktienpreisen könnte folgendermaßen unterteilt werden:

Eine Einführung zur Vorhersage von Aktienpreisen (15 Seiten)
    Erläuterung der Problemstellung (3 Seiten)
    Eine kritische Einschätzung vorhandener Arbeiten (8 Seiten)
    Vorschläge für sinnvolle Arbeitsansätze (4 Seiten)

Diese Unterteilung könnte dann folgendermaßen fortgesetzt werden:

Eine Einführung zur Vorhersage von Aktienpreisen (15 Seiten)
    Erläuterung der Problemstellung (3 Seiten)
        Rolle des Aktienmarktes und des Handels (1 Seite)
        Zufällige contra nicht-zufällige Ereignisse (1 Seite)
        Möglicher Wert eines erfolgreichen Vorhersagewerkzeugs (1 Seite)
    Eine kritische Einschätzung vorhandener Arbeiten (8 Seiten)
        Allgemeines zur Vorhersage (4 Seiten)
            Wettervorhersagen (1 Seite)
            Poker (1 Seite)
            Pferderennen (1 Seite)
            Lebenserwartung (1 Seite)
        Vorhersage von Aktienpreisen (4 Seiten)
            Termingeschäfte (1 Seite)
            Devisenmarkt (1 Seite)
            Metallmarkt (1 Seite)
            Goldmarkt (1 Seite)
    Vorschläge für sinnvolle Arbeitsansätze (4 Seiten)
        Einsatz neuer Techniken (3 Seiten)
            Künstliche neuronale Netze (1 Seite)
            Fuzzy-Logik (1 Seite)
            Genetische Algorithmen (1 Seite)
        Eine kombinierte Strategie (1 Seite)

Die Aufgabe, ein fünfzehn Seiten umfassendes Kapitel zu schreiben, wurde darauf reduziert, fünfzehn einseitige Abschnitte zu schreiben, die sich auf jeweils ein Thema konzentrieren. Vorausgesetzt, daß wir mit jedem der Themen vertraut sind, sollte dies problemlos mit der „Einfach-drauf-los"-Methode zu schaffen sein.

6.2.3
Überwindung von Schreibblockaden

Einige Verfasser haben wenige Probleme damit, gut strukturierte Abschnitte zu erstellen, die sinnvolle Informationen enthalten, angenehm aussehen und leicht zu lesen sind. Wir anderen müssen etwas härter arbeiten, um dieselben Ergebnisse zu erzielen.

Wenn ich mich selber vor einer leeren Seite wiederfinde und die Sätze einfach nicht auf das Papier fließen wollen, ein Zustand, der auch *Schreibblockade* genannt wird, dann gehe ich mit der leeren Seite wie mit einer gesäuberten Tafel um. Ich schreibe jedes Thema oder jede Abschnittsüberschrift, das bzw. die mir relevant erscheint, irgendwo auf die Fläche. Die Position der Themen auf der Seite ist in dieser Phase völlig egal. Bei diesem ersten Durchgang denke ich nicht erst lange und mühsam herum, sondern schreibe einfach immer weiter auf, was mir durch den Kopf schießt, bis ich ins Stocken gerate. Dann lese ich mir die kurzen Sätze und Schlagwörter durch und schreibe jedes weitere Thema auf, das mir beim nochmaligen Durchlesen in den Sinn kommt. Anschließend nehme ich mir ein neues Blatt und bringe die Themen in so etwas wie eine logische Reihenfolge, wobei ich weitere Themen in die sich entwickelnde Strukturierung einfüge, sobald sie mir einfallen.

Abhängig vom Umfang der Aufgabe wiederhole ich die Phase des strukturierenden Neuschreibens zwei oder drei Mal. Üblicherweise gelange ich so innerhalb von zwanzig Minuten zu einer einigermaßen gut strukturierten Themen- oder Ideensammlung. Wenn ich bedeutend länger brauche, lege ich den Stift beiseite und mache eine zehnminütige Pause. Häufig ist ein Gang zur Kaffeemaschine zu diesem Zeitpunkt genau das richtige. Dann fange ich wieder an. Wenn ich nun feststelle, daß die Schreibblockade mir noch immer im Weg steht, lege ich diese Aufgabe zur Seite, lenke meine Aufmerksamkeit auf etwas anderes und kehre nicht vor einer Stunde zu ihr zurück.

Nehmen wir an, ich hätte sechs Seiten darüber zu schreiben, wie ein Segeltörn zu organisieren ist. Mit der oben beschriebenen Vorgehensweise würde ich zuerst eine Seite mit relevanten Themen füllen (die folgende Ideensammlung ist in vierzehn Minuten entstanden):

Tabelle 6.1. Wie ich einen Segeltörn organisiere

Wettervorhersage	Route	Crew
Vorhersage für die Küste	GPS-Wegepunkte eingeben	Wer hat Zeit?
Satellitenfoto	Karten überprüfen	
		persönliches

Essen	Schiff	Gezeiten
Was wollen die Leute essen?	Wessen Boot ist verfügbar?	Flut
Was geht schnell & einfach?	Wie groß muß die Crew	
Menü	sein?	

Alkohol	Häfen	Ausrüstung
Lagerbier & richtiges Bier	Häfen zum Übernachten	Segel & Taue
Whisky & Rum	ausreichender Schutz	Leuchtsignale
Weiß- & Rotwein	Stops bei Schlechtwetter	Rettungsinsel &
		Schwimmwesten
einige Liköre		Wasser & Gas

Zeitplan	Terminfindung	Küstenwache
Vor der Abfahrt	Termin festlegen	Törn anmelden
Einkauf	mit der Crew absprechen	

Anschließend würde ich, nach fünf Minuten Pause, einen Entwurf einer strukturierten Übersicht erstellen:

Wie ich einen Segeltörn organisiere

1   Möglichen Zeitpunkt bzw. Zeitraum für den Törn ermitteln

2   Verfügbarkeit des Schiffs bestätigen
   2.1   Arnes Schiff (6 Kojen)?
   2.2   Fraukes Schiff (4 Kojen)?

3   Route auswählen (abhängig vom Schiffsliegeplatz)
   3.1   Bordkarten auf Berichtigungs-Stand überprüfen
   3.2   Lotsen für Übernachtungen abchecken
   3.3   Anlaufpunkte für Notfälle überprüfen

3.4 Tidezeiten für Abfahrt & Ankunft überprüfen

3.5 Wegepunkte in den GPS (Global Positioning System)-Navigator eingeben

4 Crew zusammenstellen

4.1 Wer kommt miteinander klar?

4.2 Wer hat Zeit?

5 Essen & Trinken planen

5.1 Essen

5.1.1 Was wollen die Leute essen (und ist schnell und einfach zuzubereiten)?

5.1.2 Eine Liste mit Notrationen zusammenstellen

5.1.3 Ein Menü zusammenstellen

5.2 Alkohol

5.2.1 Bedarf an Lagerbier & richtigem Bier abschätzen

5.2.2 Bedarf an Whisky & Rum abschätzen

5.2.3 Bedarf an Weiß- & Rotwein abschätzen

6 Vor der Abfahrt

6.1 Lebensmittel und Getränke einkaufen

7 Überprüfung vor dem Lossegeln

7.1 Ist die langfristige Wettervorhersage o.k.?

7.2 Ist die kurzfristige Wettervorhersage für die Küste o.k.?

7.3 Aktuelles Satellitenfoto besorgen

8 Checkliste für die Abfahrt

8.1 Segel & Taue

8.2 Leuchtsignale

8.3 Rettungsinsel & Schwimmwesten

8.4 Wasser, Diesel & Gas zum Kochen

8.5 Medizinschrank

8.6 Törn bei der Küstenwache anmelden

Die Zusammenstellung dieser strukturierten Übersicht hat unter Zuhilfenahme des Übersichtenwerkzeugs von Microsoft Word weitere zwanzig Minuten in Anspruch genommen. Die Einzelheiten sind feiner aufgelöst, als es für einen Projektbericht nötig ist, da sich keine der Überschriften der oberen Ebene über mehr als eine Seite erstrecken würde und die Überschriften der zweiten Ebene somit nicht wesentlich wären. Dennoch erleichtert deren Vorhandensein die Aufgabe des Schreibens.

In der abschließenden Phase würden dann die Sätze geschrieben werden, welche die einzelnen Überschriften näher ausführen.

6.2.4
Hilfestellung für vielbeschäftigte Leser

Sie sollten davon ausgehen, daß Ihre Leser vielbeschäftigte Personen sind, die wahrscheinlich nicht die Zeit aufbringen können, Ihren Bericht von vorne bis hinten durchzulesen. Es ist sehr viel wahrscheinlicher, daß sie nur einige der Kapitel lesen werden. Daher müssen Sie, um ihnen ein größtmögliches Verständnis zu ermöglichen, den Bericht so strukturieren, daß ein Leser an nahezu jeder Stelle des Textes mit dem Lesen beginnen und ihn dennoch verstehen kann.

Dazu sollten Sie den Bericht mit einer Hierarchie von Zusammenfassungen durchsetzen:

- Der Berichtstitel ist der höchste Grad an Zusammenfassung.
- Die Kapitelüberschriften sind der nächste Grad an Zusammenfassung und sollten eine prägnante Beschreibung des Inhalts jedes Kapitels liefern.
- An den Anfang jedes Kapitels sollten Sie einen einführenden Absatz stellen, der einen Überblick über den Inhalt des Kapitels gibt, und am Ende jedes Kapitels sollten Sie den Lesern in einem Absatz die Möglichkeit zur Rekapitulation des Kapitelinhalts und dessen Zusammenhang mit dem nachfolgenden Kapitel geben.
- Innerhalb eines Kapitels sollten die Überschriften so gewählt werden, daß sie den Inhalt des betreffenden Abschnitts zusammenfassen.

Dieses Kapitel hat eine mögliche Strukturierung für einen Bericht eingeführt, zu der auch der angestrebte Seitenumfang gehört. Weiterhin wurden verschiedene Vorgehensweisen vorgestellt, die Sie beim Schreiben des Textes zum Auffüllen der Struktur unterstützen sollen; im einzelnen waren das der „Einfach-drauf-los"-Ansatz für kurze Berichte und der

„Top-Down"-Ansatz für längere Berichte. Schließlich wurde das Kapitel mit einem Abschnitt zum Überwinden von Schreibblockaden abgerundet.

Nachdem jetzt alle anderen Aspekte des Umgangs mit Softwareprojekten behandelt wurden, geht das folgende Kapitel nun auf das noch übrig gebliebene Thema der Softwareentwicklung ein.

7 Entwicklung der Software

„Das habe ich gemacht",
stellte sie mit mehr als nur einer Spur von Befriedigung fest.

Der Prozeß der Softwareentwicklung besteht aus einer Reihe von Tätigkeiten, die wiederholt durchgeführt werden, bis die erstellte Software den Anforderungen des Kunden entspricht oder bis jemand einem den Hahn abdreht. Wenn Sie Ihr Projekt wirksam überwachen, liegt ein erstes Ergebnis wahrscheinlich erheblich schneller vor.

In diesem Kapitel untersuchen wir jede der Aktivitäten, die zu einem Durchgang im Prozeß der Softwareentwicklung gehören, vom Erstellen des Anforderungsprofils bis zur Annahme des fertigen Programms durch den Anwender. Die wichtige Entscheidung, wie häufig der Softwareentwicklungszyklus durchlaufen werden soll, hängt vom jeweiligen Projekt ab. Es wird eine der vielen Entscheidungen sein, die Sie beim Zusammenstellen des Projektplans mit Unterstützung Ihres Dozenten/Projektbetreuers zu treffen haben und die Sie im Laufe der praktischen Erfahrungen vermutlich anpassen müssen.

Betrachten wir nun die einzelnen Tätigkeiten im Prozeß der Softwareentwicklung.

7.1
Erstellen des Anforderungsprofils

Das Projekt beginnt mit einem Anforderungsprofil. Idealerweise wird dieses vom Anwender erstellt. Üblicherweise handelt es sich dabei um eine kurze Beschreibung dessen, was der Anwender zu benötigen glaubt, mit einem Umfang von etwa einer Seite. Einige Anwender sind zwar bereit, ihre Anforderungen in aller Ausführlichkeit zu diskutieren, aber nicht willens, sich die zwanzig Minuten Zeit zu nehmen, um ein schriftliches Anforderungsprofil zu erstellen. Wenn Ihre Kunden zu dieser Kategorie gehören, greifen Sie ihnen unter die Arme, indem Sie das Dokument, vorzugsweise als Ihren Diskussionsvorschlag, vorbereiten und sie dann darum bitten, die von Ihnen beiden in der Vorbereitung besprochenen Punkte zu bestätigen:

Hiermit bestätige ich das vorliegende Dokument als fehlerfreies und vollständiges Anforderungsprofil

*Unterschrift*_____   *Datum* _____

Das Anforderungsprofil bildet die Grundlage für den nächsten Schritt im Projekt. Es stellt weiterhin einen Bestandteil Ihres abschließenden Projektberichts dar.

7.2
Beispiel für ein Anforderungsprofil

Bei *StockWatch* handelt es sich um ein 130 Stunden umfassendes Projekt, das von konkurrierenden, aus jeweils sechs Studierenden bestehenden Teams über einen Zeitraum von fünf Wochen fertiggestellt wurde. Das Ziel des *StockWatch*-Projekts bestand darin, ein Programm für ein ortsansässiges Börsenmaklerbüro aus Dundee zu entwickeln, das kontinuierlich die Börsenkurse des Aktienmarktes verfolgen und die Börsenmakler informieren würde, wenn irgendeine der Aktien zuvor festgelegte Grenzen über- bzw. unterschreitet. Zu dem Projekt gehörte das Erstellen von Anforderungsprofil, Design, Prototypen und fertigem Programm sowie alle relevanten Tests und Dokumentierungen.

Eines der Teams erstellte nach einem am Anfang stehenden einstündigen Meeting mit dem Kunden und dem vervollständigenden Lesen von Hintergrundinformationen zum Thema folgendes Anforderungsprofil:

Funktionale Anforderungen

Anfängliche Anforderungen:

1. *Der Anwender sollte zu überwachende Aktien mit Hilfe eines Kurstriggers auswählen können.*
2. *Alle ankommenden Daten sollten auf die Kriterien des Anwenders hin geprüft werden.*
3. *Der Anwender sollte informiert werden, wenn irgendwelche der Kriterien erfüllt werden, indem relevante Informationen solange angezeigt werden, bis der Anwender den Empfang bestätigt.*
4. *Alle aufgetretenen Hinweise und Warnungen sollten zusammen mit der Uhrzeit, zu welcher der Hinweis aufgetreten ist, in eine Protokolldatei geschrieben werden.*
5. *Dem Anwender sollte ein umfassendes Hilfesystem angeboten werden.*
6. *Das System sollte tolerant gegenüber einem „Börsencrash" sein.*
7. *Das System sollte Multi-User-Fähigkeit besitzen.*
8. *Der Anwender sollte das Warnungssystem ausschalten können.*

Fortgeschrittene Anforderungen:

1. *Dem Anwender das Überprüfen und Betrachten von saisonalen Kursschwankungen ermöglichen.*
2. *Dem Anwender die Analyse bestimmter Aktienwerte ermöglichen, die saisonalen Schwankungen unterliegen können.*
3. *Den Anwender informieren, wenn ein Aktienwert saisonalen Schwankungen zu unterliegen scheint.*
4. *Dem Anwender relevante saisonale Informationen anbieten.*
5. *Den Anwender über Trends informieren, z.B. den signifikanten Rückgang eines Aktienwerts.*
6. *Dem Anwender die Analyse bestimmter Marktbereiche ermöglichen, z.B. Ölkonzerne, Energieversorgungsunternehmen, Banken usw.*
7. *Dem Anwender das Berechnen und Überprüfen von gleitenden Durchschnitten ermöglichen.*
8. *Dem Anwender die Ansicht zurückliegender Aktienkursinformationen ermöglichen.*

Nicht-funktionale Anforderungen

1. *Die Software sollte auf einem 386er/486er PC mit 4 MByte RAM laufen.*
2. *Als Bildschirmauflösung beim Kunden werden 640 × 480 Pixel vorausgesetzt.*
3. *Die Software sollte ihre Daten aus dem Aktiendienst von Reuters beziehen.*
4. *Das Programm sollte unter dem Betriebssystem Microsoft Windows 3.1 laufen.*
5. *Das Programm sollte über eine Schnittstelle zu Microsoft Excel 5.0 verfügen.*
6. *...*

Auslieferungsanforderungen

1. *Die fertige Software sollte zusammen mit den erforderlichen Handbüchern und Dokumentationen am Freitag der fünften Woche für eine Vorführung zur Verfügung stehen.*
2. *Ein erster Prototyp der Software und das Pflichtenheft sollten am Dienstag der zweiten Woche zur Verfügung stehen.*
3. *Ein zweiter Prototyp sollte am Donnerstag der dritten Woche für eine Vorführung zur Verfügung stehen.*

Das vollständige Anforderungsprofil für *StockWatch* hatte einen Umfang von zwei Seiten.

7.3
Analyse des Anforderungsprofils und Schreiben des Pflichtenhefts

Dies ist die nächste Phase, in der Sie das Anforderungsprofil durchgehen und eine detailliertere Beschreibung der Anforderungen erstellen. Der Zweck dieser Phase besteht darin, die einzelnen Fragen vorwegzunehmen, die beantwortet werden müssen, wenn Sie mit dem Durchdenken möglicher Lösungen beginnen.

Angenommen, dieser Teil des Anforderungsprofils besagt folgendes:

> „Sie werden darum gebeten, eine Fernbedienung für ein elektrisch betriebenes Garagentor zu entwerfen und zu konstruieren. Sie sind für alle Elektronikbestandteile und die mit diesen verbundenen Gehäuse verantwortlich. Der Empfänger der von der Fernbedienung übermittelten Nachrichten ist mittig über dem Garagentor zu plazieren. ...“

In der Phase der Anforderungsanalyse können Sie dann nach Antworten auf folgende Fragen des Anwenders suchen:

- Wie groß ist die maximal erforderliche Betriebsentfernung des Senders?
- Wird das Tor im Sichtbereich liegen?
- Muß das Gerät batteriebetrieben sein?
- Gibt es eine maximale Größe und ein Höchstgewicht für das Gerät?
- Muß es wasserdicht sein?
- Muß es im Dunkeln benutzbar sein?
- Können wir davon ausgehen, daß der Anwender nicht körperbehindert ist?
- Muß die Kommunikation zwischen Sender und Empfänger störsicher sein?
- usw.

Versuchen Sie nicht daran zu denken, *wie* Sie das Problem lösen wollen, sondern konzentrieren Sie sich lieber darauf, *was* genau das Problem ist.

7.4
Beispiel für ein Pflichtenheft

Das *StockWatch*-Team erstellte basierend auf dem zuvor vorgestellten Anforderungsprofil folgendes Pflichtenheft.

1. *Der Anwender sollte zu überwachende Aktien mit Hilfe eines Kurstriggers auswählen können.*
   Der Anwender sollte den Kurs ausgewählter Aktienwerte mit Hilfe eines Kurstriggers überwachen können, der darüber informiert, wenn die ausgewählten Aktienwerte vordefinierte Werte erreichen. Zuerst muß der Anwender eine zu überwachende Aktie auswählen, indem das entsprechende Firmensymbol eingegeben wird. Nachdem ein Aktienwert ausgewählt worden ist, kann der Anwender das Kriterium angeben, das von der Aktie erfüllt werden muß, um einen Alarm auszulösen. Das Kriterium für eine Aktie oder ein Wertpapier kann entweder ein Kauf- oder ein Verkaufspreis sein. Das System überwacht dann alle von Reuters ankommenden Werte, indem es nach den Aktienkursen jener Firmen sieht, die das jeweilige Kriterium erfüllen.

   1.1 *Einen Aktienwert auswählen*
        Der Anwender wählt die zu überwachenden Aktienwerte aus, indem er die entsprechenden Firmensymbole eingibt.
        Erklärung: Alle Firmen werden auf dem Aktienmarkt durch ihre Firmensymbole dargestellt. Sollte es notwendig sein, eine Tabelle nach den Daten einer Firma zu durchsuchen, ist es am sinnvollsten, die Suche nach dem Firmensymbol durchzuführen.

   1.2 *Eingabe eines Kriteriums für den Aktienwert*
        Die für die Angabe eines Kriteriums benötigte Information ...

   Das StockWatch-Pflichtenheft hatte einen Umfang von vier Seiten und behandelte jede der neun anfänglichen Anforderungen.

7.5
Rapid-Prototyping zur Prüfung der Anforderungen

Ein früher Prototyp ist eine Software, die entwickelt wird, um dem künftigen Anwender eine (eingeschränkte) Vorabansicht des möglichen Endprodukts zu gewähren. Es handelt sich dabei um die Softwareentsprechung zum Polystyrol-Modell des Industriedesigners, welches das zu erwartende „Look and Feel" eines Systems vorführt. Genau so, wie es selbstverständlich ist, daß das Polystyrol-Modell nicht Bestandteil des fertigen Geräts sein wird, muß auch verstanden werden, daß der Prototyp letztendlich nicht unbedingt weiter verfolgt werden muß. Sollte ein Prototyp aufgegeben werden, so können die üblichen mit der Softwareentwicklung verbundenen Tätigkeiten zur Qualitätssicherung, wie beispielsweise ein ausführliches Design und intensive Tests, übergangen werden.

Im Falle des *StockWatch*-Projekts setzte das Team Microsoft Visual Basic ein, um schnell einen Prototypen des Programms zusammenzustellen, das ein mögliches Aussehen der Benutzerschnittstelle einschließlich des Zugriffs auf die im Pflichtenheft definierten Funktionen aufzeigte. Diesen Prototypen stellte das Team dem Kunden zusammen mit dem Pflichtenheft vor. Damit wurde dem Kunden die Möglichkeit gegeben, die Anforderungen zu bestätigen:

Um zu überprüfen, ob die Liste der Funktionen vollständig war;
Um ein Feedback zum Layout der Benutzerschnittstelle zu geben;
Um Vertrauen in die Fähigkeiten des Teams, das Problem zu lösen, zu entwickeln.

Frühe Prototypen neigen dazu, den Eindruck eines „Flickenteppichs" zu hinterlassen, aber sie sind dennoch als Medium für Gespräche zwischen dem Entwickler und dem Anwender erstaunlich nützlich. Sie verzichten auf eigene Gefahr auf deren Potential.

Denken Sie daran, daß Ihr Prototyp nicht notwendigerweise als Software vorliegen muß. Sie können ähnliche Ergebnisse erzielen, indem Sie Ihrem Kunden Zeichnungen auf Papier vorlegen und dabei erklären, was im einzelnen passiert, z.B.: „Wenn diese Schaltfläche gedrückt wird, ändert sich die Anzeige in (die nächste Zeichnung vorzeigen). Und wenn Sie dann ..."

Einige der an dem *StockWatch*-Projekt arbeitenden konkurrierenden Teams setzten die Diashow-Software Microsoft Powerpoint anstelle von Visual Basic ein, um ihre Prototypen zu erstellen. Sie verwendeten die Zeichenwerkzeuge von Powerpoint, um ein „Dia" auf dem Monitor zusammenzustellen, an dem sich das Layout ihrer Benutzerschnittstelle erkennen ließ, und simulierten die Auswirkung von Tastendrücken („und wenn Sie hier drücken"), indem verschiedene Dias angezeigt wurden. Powerpoint stellt ein sehr nützliches Werkzeug für das Rapid-Prototyping dar.

Die Phase der Anforderungsanalyse ist abgeschlossen, wenn Sie die Bestätigung des Anwenders bekommen haben, daß Ihr Pflichtenheft fehlerfrei und vollständig ist. Die einfachste Art einer Bestätigung besteht darin, folgende Zeilen auf dem Titelblatt Ihres Dokuments einzubringen:

Hiermit bestätige ich das vorliegende Dokument als fehlerfreies und vollständiges Pflichtenheft

*Unterschrift*_____   *Datum*_____

Das Pflichtenheft des *StockWatch*-Teams wurde im nachfolgenden Treffen mit kleinen Änderungen vom Kunden bestätigt.

Zusammenfassend kann man sagen, daß Sie die Forderungen des Anwenders aufgreifen und dokumentieren und versuchen, diesen Forderungen mit einem frühen Prototypen zu entsprechen, um darzulegen, welche Funktionen Sie für notwendig halten. Durch die Bewertung des Anwenders bestärkt, sind Sie jetzt in der Lage, sich zu überlegen, wie die Software auszusehen hat, um die besprochenen Funktionen zur Verfügung zu stellen.

7.6
Alternative Methoden zur Anforderungsanalyse

Diejenigen Leser, die bereits einen Kurs über Softwareentwicklung besucht haben, können eine oder mehrere Techniken zur strukturierten Systemanalyse kennengelernt haben, und ich kann Ihnen nur raten, diese Techniken auf Ihr Projekt anzuwenden, da diese Sie mit einer guten Basis für Ihre Lösungsansätze versorgen.

Leser, die nicht mit der strukturierten Systemanalyse vertraut sind, sollten als Einführung in das Thema eines der unzähligen Bücher über Softwareentwicklung zu Rate ziehen. Gute Bücher zum Thema stammen beispielsweise von Schach [Schach93] und Sommerville [Sommerville96].

Weiterhin gibt es eine Vielzahl von computerbasierten Werkzeugen, die bei der Softwareentwicklung hilfreich sind und die üblicherweise unter der Bezeichnung Computer Aided Software Engineering (CASE) laufen. Im folgenden werde ich jedoch weder Kenntnisse über die Systemanalyse noch über CASE-Tools voraussetzen.

7.7
Erstellung des ausführlichen Designs

Üblicherweise wird das Design nach einem „Top-Down"-Ansatz erstellt und schrittweise verfeinert. Falls Sie mit dieser Terminologie nicht vertraut sein sollten, wird das folgende Beispiel Ihnen auf die Sprünge helfen.

Anforderung:
    Das Frühstück zubereiten

Design:
Erster Schritt:
    Das Frühstück zubereiten
Erste Verfeinerung:
    Das Frühstück zubereiten
        Den Tisch decken
        Den Tee zubereiten
        Den Toast zubereiten
        Das Müsli vorbereiten
        Die Eier kochen
Zweite Verfeinerung:
    Das Frühstück zubereiten
        Den Tisch decken

Tischtuch aus der Schublade holen
Besteck aus der Schublade holen
Geschirr aus dem Geschirrschrank holen
Tischtuch auf dem Tisch ausbreiten
Besteck auf dem Tischtuch anordnen
Geschirr auf dem Tischtuch anordnen
Den Tee zubereiten
 Den Kessel mit Wasser füllen
 Das Wasser zum Kochen bringen
 Tee in die Teekanne füllen
 Warten, bis das Wasser gekocht hat
 Das heiße Wasser in die Teekanne gießen
Den Toast zubereiten
 Brot in den Toaster stecken
 Den Toaster anstellen
 Warten, bis der Toast fertig herausspringt
 Den Toast mit Butter bestreichen
 Den fertigen Toast in den Brotkorb legen
Das Müsli vorbereiten
Die Eier kochen

Der Vorgang der Verfeinerung wird solange wiederholt, bis die Beschreibung jedes einzelnen Schritts so ausfällt, daß er nur noch in die Programmiersprache übersetzt zu werden braucht. Die Angaben, die das ausführliche Design ausmachen, werden als Program Design Language (PDL) bezeichnet. Die Verwendung einfacher englischer oder deutscher Ausdrücke für die PDL hat den Vorteil, daß sie leicht zu verstehen sind. Sobald die PDL in die Computersprache umgesetzt, d.h. programmiert worden ist, ist das Programm nur noch für Leute verständlich, die diese Sprache gelernt haben. Insbesondere wird die Beteiligung des Anwenders am Entwicklungsprozeß aufhören, sobald dieser Punkt des fehlenden Verständnisses für ihn erreicht ist.

 In der letzten Verfeinerung des Designs wird ungefähr ein PDL-Ausdruck für jede Zeile des Programmtextes vorhanden sein. Somit können mit der an früherer Stelle vorgeschlagenen Produktivitätsabschätzung maximal 900 PDL-Zeilen für das zwanzig Wochen dauernde Projekt erstellt werden.

7.8
Überprüfung des Designs

Sie sollten das Design Ihrer Softwarebestandteile überprüfen, um sicherzustellen, daß diese sowohl einzeln die vorgesehenen Aufgaben erfüllen
als auch im Zusammenspiel den Anforderungen entsprechen, die Sie
mit Ihrem Kunden abgestimmt haben.

Eine Überprüfung kann auf verschiedene Weise erfolgen. Die einfachste und am wenigsten sinnvolle Methode besteht darin, Ihre eigenen
Entwürfe daraufhin zu untersuchen, ob sie irgendwelche Fehler enthalten. Dieses Vorgehen ist nicht zu empfehlen, weil wir, wie bei so vielen
Dingen, unsere eigenen Fehler nur selten erkennen. Eine sinnvollere
Herangehensweise besteht darin, Ihre Entwürfe einem oder mehreren
technisch bewanderten Zuhörer(n) vorzustellen, die beabsichtigten Aufgaben der einzelnen Module zu beschreiben und diese(n) „Prüfer" dann
durch die Einzelheiten der von Ihnen zusammengestellten Programm-
logik zu führen. Die sinnvollste Methode einer Überprüfung beginnt
damit, Ihre Designs in einer Gruppe von technisch bewanderten Prüfern herumgehen zu lassen. Auf einem Folgetreffen präsentieren die
Prüfer dann eine Anzahl verschiedener Wertekombinationen, die Ihrem
Programm am ehesten Probleme bereiten könnten. Ihre Aufgabe besteht dann darin zu erläutern, wie diese Eingabewerte unter Ihrem
Design behandelt werden.

Wie bei den meisten Dingen erfordert das beste Ergebnis üblicherweise die größte Investition. Denken Sie jedoch daran, daß in frühen
Phasen der Softwareentwicklung entdeckte Fehler weitaus einfacher und
billiger zu reparieren sind als die in den späteren Phasen entdeckten. Ein
Fehler, der sich in der Spezifikationsphase eingeschlichen hat und der
bis in die Phase der Bestätigung durch den Anwender unentdeckt bleibt,
führt nach der möglichen Entdeckung wahrscheinlich zu einem höhe-
ren Aufwand durch erneutes Design, Programmieren und Testen, als die
Kosten dafür aufzubringen, ihn in der eigentlichen Spezifikationsphase
zu entdecken und zu entfernen.

Sie können eine Gruppe von Prüfern bilden, indem Sie Ihre am Projekt beteiligten Kommilitonen zusammenbringen und jeder seine eigene
Arbeit den jeweils anderen zur Prüfung vorlegt. Diese Form der Überprüfung bringt mehrere mögliche Vorteile mit sich. Eine Überprüfung
durch Gleichgestellte ist mit weniger Ängsten verbunden als eine durch

Vorgesetzte. Die Überprüfung durch Gleichgestellte bietet Ihnen zugleich die Möglichkeit, aus dem Umgang anderer mit Designproblemen zu lernen, ohne daß Sie diese ausdrücklich um Hilfe bitten müssen. Weiterhin werden Sie auf Beispiele guter Arbeit stoßen, die Sie für Ihre eigenen Zwecke verwenden können.

Eine Alternative zur Überprüfung durch eine Bezugsgruppe besteht darin, mit Ihrem Dozenten/Übungsleiter übereinzukommen, eines oder mehrere der regelmäßigen Treffen für die Überprüfung des Designs aufzuwenden.

Zusammenfassend läßt sich sagen, daß in allen Phasen der Softwareerstellung wahrscheinlich Fehler vorkommen und daß der Aufwand, diese zu beheben, um so größer wird, je länger sie verborgen bleiben. Designüberprüfungen bieten einen Rahmen, um Fehlverhalten ausfindig zu machen, und Sie sind gut damit beraten, dieses Vorgehen in Ihrem Projekt anzuwenden. Sobald ein Design überprüft, überarbeitet, erneut überprüft und endgültig für gut befunden worden ist, kommt als nächste Phase der Softwareerstellung die Programmierung an die Reihe.

7.9
Kodierung

Die Entwicklung von Software, die den Anwender qualitativ zufriedenstellt, ist zeitaufwendig und folglich ein kostenintensives Unterfangen. Daher ist es wichtig, daß Quelltext mit minimalem Aufwand wiederverwendet werden kann, damit Sie einen maximalen Nutzen aus Ihrem Entwicklungsaufwand ziehen können. Um das zu erreichen, schreiben Sie Ihren Quelltext so, daß er von jemandem gelesen werden kann, der nicht mit Ihrem Projekt vertraut ist. Dieser Jemand könnte ein zukünftiger Support-Mitarbeiter oder ein Mitstudierender sein, der auf dem von Ihnen Erreichten aufbauen möchte. Der erste Leser könnte auch Ihr Projektprüfer sein! Denken Sie daran, daß die Quelltext-Listings in die Anhänge Ihres Berichts eingefügt werden können und daß der Prüfer aufgrund der Lesbarkeit und Verständlichkeit dieser Listings eine Note für Ihre Programmierfähigkeiten festlegen wird. Es zahlt sich aus, leicht lesbaren Quelltext zu verfassen.

Sie sollten wenigstens eines der Bücher über Softwareentwicklung lesen, um ausführliche Ratschläge dazu zu erhalten, wie sich die Qualität Ihres Quelltextes und dessen Wiederverwendungspotential steigern läßt. Einige einfache Vorschläge bestehen beispielsweise darin, daß Sie die Lesbarkeit des Programmtextes durch Verwendung von aussagekräftigen Variablenbezeichnungen erhöhen und Sie im gesamten Quelltext erläuternde Kommentarzeilen einbringen. Weiterhin sollten Sie am Anfang jedes Quelltextmoduls einen erläuternden Programmkopf einfügen. Ein möglicher Aufbau dafür wäre folgender:

Modul: wurzel.c

Version: 2.0

Autor: Ian W. Ricketts

Aufgabe: Dieses Modul berechnet die Wurzeln einer quadratischen Gleichung.

Eingabe/Ausgabe/Nebeneffekte:
Eingabe: 3 reelle Zahlen: x_quadriert_koeff, x_koeff und konstante.
Ausgabe: 2 komplexe Zahlen: wurzel_1 und wurzel_2.
Nebeneffekte: Das globale Flag „erfolg" wird bei Eintritt in die Routine zurückgesetzt und beim Verlassen gesetzt, falls das Ergebnis erfolgreich berechnet werden konnte.

Änderungen:
V2.0 / iwr / 1. Juni 1997
    Algorithmus zur Bestimmung der Wurzel durch die kugelsichere Methode nach A.B. Seas ersetzt
V1.1 / iwr / 15. Mai 1997
    Design geändert, damit der Quelltext leichter verständlich ist
V1.0 / iwr / 1. Januar 1997
    Ursprüngliche Fassung

Zum Compilieren: cc -O3 -o wurzel wurzel.c

Denken Sie daran, die Änderungsliste auf dem neuesten Stand zu halten. Die Pflege dieser Art von Informationen im Quelltext macht es unwahrscheinlich, daß Sie eine veraltete Version der Software herausge-

ben. Weiterhin werden Lesern des Quelltextes damit Informationen zu
aufgetretenen Problemen und deren Lösung geboten.

7.9.1
Verwendung einer integrierten Entwicklungsumgebung

Eine integrierte Entwicklungsumgebung (Integrated Development
Environment = IDE) stellt sich dem Anwender als ein Programm dar,
das die Entwicklung von Programmen rationalisiert. IDEs gibt es in
einer Vielzahl von Formen und Größen. Für IBM-kompatible PCs gibt
es unter anderem folgende IDEs: Borlands Delphi und C/C++, Microsofts Visual Basic und C/C++ und Symantecs C/C++. Üblicherweise
umfassen sie alle einen Quelltexteditor, einen integrierten Compiler und
ein Werkzeug zum Debuggen des Quelltextes.

7.9.2
Der Quelltexteditor

Dieser ermöglicht Ihnen zumindest das Speichern und Laden von zuvor
erstellten Dateien und unterstützt Sie beim Eingeben und Überarbeiten
des Quelltextes. Als zusätzliche Fähigkeit kann der Editor die Syntax der
von Ihnen verwendeten bestimmten Sprache kennen und dadurch in
der Lage sein, unzulässigen Gebrauch der Syntax anzuzeigen. Der Editor
kann auch die Möglichkeit zum automatischen Formatieren des Quelltextes bieten, d.h. zum Einrücken von Zeilen zwischen Schleifenanwei-
sungen. Haben Sie einen neuen Quelltextabschnitt eingegeben, sollte ein
einzelner Befehl den integrierten Compiler aus dem Editor heraus
aufrufen.

7.9.3
Der integrierte Compiler

Dieser compiliert den Quelltext und bringt ihn damit in eine ausführbare Form. Er spürt alle zuvor im Quelltexteditor unentdeckt gebliebe-
nen syntaktischen Fehler auf, und beim Auftreten eines Fehlers sollte er
zum Editor zurückkehren und die entsprechende(n) Fehlerstelle(n)
anzeigen. Die Compilierung eines Moduls dauert höchstens ein, zwei
Sekunden. Sobald Sie die Eingabe des Quelltextes beendet und alle syn-

taktischen Fehler beseitigt haben, müssen Sie sicherstellen, daß das Modul Ihren Forderungen entspricht. Dafür verwenden Sie den einer IDE üblicherweise beiliegenden Quelltext-Debugger.

7.9.4
Quelltext-Debugger

Diese bieten Ihnen eine Ansicht auf den Quelltext Ihres Programms und erlauben es Ihnen, die Werte von Variablen innerhalb des Moduls zu betrachten und zu ändern, um den Quelltext anschließend auszuführen; entweder Zeile für Zeile oder in Abschnitten, die durch von Ihnen definierte Breakpoints begrenzt wurden. Nach jeder Ausführungsphase können Sie die Variablenwerte betrachten und dadurch sicherstellen, daß das Modul wie beabsichtigt funktioniert.

Das Debuggen von Quelltexten macht es verhältnismäßig leicht, Fehler in Ihren Modulen zu entdecken, um diese anschließend zu lokalisieren und zu beseitigen. Es dient Ihnen auch als leistungsfähiges Werkzeug zum Testen des Quelltextes, wie im folgenden Abschnitt angerissen wird.

7.10
Verifikation & Validierung

Mit Verifikation und Validierung werden die Testverfahren benannt, die sicherstellen, daß eine Software Ihrer Spezifikation und den Bedürfnissen des Anwenders entspricht [Sommerville96]. Es handelt sich dabei um zwei voneinander getrennte Tätigkeiten, die während der gesamten Entwicklungszeit der Software durchgeführt werden. Unter Verifikation sind die Überprüfungen zu verstehen, die sicherstellen, daß die Ergebnisse einer Softwareentwicklungsphase den Eingangsvorgaben dieser Phase entsprechen. Unter Validierung sind die Überprüfungen zu verstehen, die sicherstellen, daß die Ergebnisse einer Softwareentwicklungsphase den Anforderungen des Anwenders entsprechen.

Beispiele für die Verifikation sind die Tests, die Sie nach Abschluß der Programmierungsphase durchführen, um sicherzustellen, daß jedes Modul seiner Designvorgabe entspricht, d.h. Sie überprüfen, ob die Ergebnisse der Programmierungsphase mit den Anforderungen an die

Programmierphase übereinstimmen, wie sie in der Designvorgabe definiert wurden.

Ein Beispiel für die Validierung finden Sie nach Beendigung der Programmierungsphase in der erneuten Überprüfung des Pflichtenhefts, um sicherzustellen, daß Sie ein Programm entwickelt haben, welches alle Anforderungen erfüllt.

Wir schließen dieses Kapitel mit einer genaueren Betrachtung von Verifikation und Validierung des Quelltextes ab.

7.11
Überprüfung einzelner Quelltextmodule

Wie bereits angeführt sollten Sie für eine rationale Softwareentwicklung in jeder Entwicklungsphase das Ziel verfolgen, alle Fehler zu beseitigen, bevor Sie zur nächsten Phase übergehen. Das Testen des Quelltextes erfolgt nach folgendem vierstufigen Prozeß: Feststellen von Fehlern, d.h. unvorhergesehenen Ergebnissen, Aufspüren der Ursachen, Entfernen der Ursachen und zu guter Letzt ein erneutes Testen des Moduls, um sicherzustellen, daß der Quelltext fehlerfrei ist.

Es gibt verschiedene Techniken, die Ihnen dabei helfen, Fehler in Routinen zu entdecken, deren Programmstruktur Ihnen bekannt ist. Die sogenannten „glass box"- oder „white box"-Techniken umfassen das Austesten von Ausdrücken, Verzweigungen und Abläufen. Einzelheiten zu diesen und anderen Techniken finden Sie in dem Klassiker von Myers [Myers79]. Alternativ dazu können Sie einen Blick in jedes Werk über Softwareentwicklung werfen, wobei die Bücher von McConnell [McConnell93], Schach [Schach93] und Sommerville [Sommerville96] sehr zu empfehlen sind.

Das Austesten von Verzweigungen ist eine Möglichkeit, um Ihr Vertrauen in die Fehlerfreiheit eines Softwarebestandteils zu stärken. Es garantiert zwar nicht, daß Sie alle Fehler entdecken, aber das gewährleistet auch keine der anderen problemlos anwendbaren Testtechniken.

Für einen Verzweigungstest untersuchen Sie das Design eines Moduls und ermitteln jede mögliche vorhandene Verzweigung. Angenommen, ein Modul besitzt einen Eingabeparameter; Sie probieren dann so viele verschiedene Werte für diesen Parameter aus, daß das Programm jeder Verzweigung mindestens einmal folgen mußte. Bei Modulen mit mehreren Eingabeparametern probieren Sie diejenigen Wertekombinationen aus, mit denen jede Verzweigung aktiviert wird. Daneben sagen Sie vor der Durchführung des Tests die entsprechenden Ergebnisse des Moduls voraus. Dann erstellen Sie eine Testanordnung für jedes Modul, die wenigstens alle Eingabekombinationen und vorhergesagten Ergebnisse enthält, die benötigt werden, um alle Verzweigungen des Moduls zu durchlaufen.

Das Durchlaufen des Verzweigungstests besteht darin, das Modul mit diesen Eingabewerten zu versorgen und die tatsächlich erzeugten Ergebnisse zu überprüfen und in einem Testbericht zu notieren. Die einfachste Form eines Testberichts kann folgendermaßen aussehen:

Testbericht für das Modul Wurzel.C

Testdurchführung von IWR am 05.11.93 gemäß der Testanordnung WURZEL.TST (Version 1.3)

Test 1	ok
Test 2	**Fehler** – vorhergesagt: 3.41; tatsächliches Ergebnis: 1.78e56
Test 3	ok
usw.	

Sobald Fehler entdeckt werden, kommt eine weitere Tätigkeit ins Spiel, die als Debugging bezeichnet wird. Beim Debuggen wird nach der genauen Ursache für einen Fehler gesucht und dieser beseitigt. Anschließend müssen Sie erneut alle Verzweigungstests mit dem Modul durchführen, um sicherzustellen, daß keine weiteren Fehler auf ihre Entdeckung warten. Diese weiteren Fehler können bereits beim anfänglichen Testen vorhanden gewesen sein oder sich durch das Beseitigen früherer Fehler eingeschlichen haben.

Sobald Sie das Austesten der Verzweigungen erfolgreich beendet haben, können Sie einigermaßen sicher sein, daß das Modul keine (offensichtlichen) Fehler enthält, und Sie besitzen den dokumentierten Beweis im Form von Testberichten.

7.12
Überprüfung des kompletten Systems

Sobald feststeht, daß die einzelnen Module ihre jeweiligen Tests erfolgreich durchlaufen haben, können Sie die Module zusammenbringen und überprüfen, ob das komplette System immer noch korrekt funktioniert. Eine Herangehensweise an den Integrationsprozeß des Gesamtsystems ist das *„Alles-oder-nichts"-Verfahren*, bei dem Sie alle Komponenten in einem einzigen Schritt zusammenführen und dann sicherzustellen versuchen, daß das komplette System erfolgreich funktioniert. Eine alternative Herangehensweise besteht in der *fortlaufenden Integration*, bei der Sie jeweils ein oder zwei Module hinzufügen und dann die korrekte Funktionsweise überprüfen. Sie beseitigen jeden bei den Tests auftretenden Fehler, führen erneut Tests durch, um sicherzustellen, daß alle entdeckten Fehler beseitigt wurden, und integrieren anschließend ein oder zwei weitere(s) Modul(e) und überprüfen die neue Kombination. Dieser Vorgang wird solange wiederholt, bis alle Module in einem einzigen System zusammengefaßt und alle entdeckten Fehler beseitigt worden sind.

Der Bereich, den Sie zum Aufspüren einer Fehlerquelle durchsuchen müssen, ist bei der fortlaufenden Integration erheblich kleiner. Jedoch wird dieser Vorteil durch die Notwendigkeit, einige der Tests bei jedem Durchlauf der fortlaufenden Integration zu wiederholen, zum Teil wieder aufgezehrt. Insgesamt gesehen ist die *fortlaufende Integration* üblicherweise erheblich schneller als die *„Alles-oder-nichts"-Integration*, vermutlich, weil Sie für die meisten Tests bei der *fortlaufenden Integration* Kombinationen der einzelnen Modultests wiederverwenden können.

Das Aktienkursüberwachungssystem *StockWatch*, das sich aus beinahe 3000 Quelltextzeilen in 85 Modulen zusammensetzt, wurde mit 44 Systemüberprüfungen ausgetestet. Die Testanordnungen und -berichte belegten 22 Seiten im Anhang des abschließenden Projektberichts. Es folgt ein Beispiel für einen der kleineren und erfolgreichen Tests:

Benutzereingabe – Test Nummer 13

Dieser Test soll überprüfen, ob die vom Anwender eingegebenen Daten für eine Aktiennotiz in die Tabelle übertragen werden und ob diese Daten bei der Auswahl im Überwachungsprogramm korrekt abgerufen werden. Bei diesem Test handelt es sich im wesentlichen um eine manuelle Überprüfung. Für seine Durchführung muß der Tester in das Überwachungsprogramms eine Notiz für eine bestimmte Aktie eingeben und dann im zugehörigen Rechenblatt nachsehen, ob diese Notiz darin gespeichert worden ist. Anschließend muß der Tester auf eine andere Aktie im Überwachungsprogramm wechseln, dann die ursprüngliche Aktie erneut auswählen und nachsehen, ob die Notiz noch immer vorhanden ist. Dieser Test muß für jede der verschiedenen Aktienarten wiederholt werden.

Ergebnisse der Benutzereingabe – Test Nummer 13

Während des Testdurchlaufs 1 wurde die Aktiennotiz an der richtigen Stelle im Rechenblatt gespeichert und beim Wechseln zwischen mehreren verschiedenen Aktien, von denen jede mit einer eigenen Aktiennotiz versehen war, korrekt abgerufen. Allerdings tauchte ein Problem auf, wenn der Datensatz einer Firma gelöscht worden ist. Die Informationen über die Firma wurden entfernt, aber die Notiz wurde beibehalten. Die Datensätze der übrigen Firmen rückten auf, um den von der gelöschten Firma zurückgelassenen Platz einzunehmen, aber die Notiz zur gelöschten Firma wurde jetzt mit der Firma verbunden, die den Platz des gelöschten Datensatzes eingenommen hatte. Dieser Fehler muß beseitigt werden.

7.13
Überprüfung der Anwenderreaktion

Sobald Sie davon überzeugt sind, daß Ihr System erfolgreich funktioniert, d.h. Sie haben das Testen der Module und des kompletten Systems abgeschlossen, besteht der nächste Schritt darin, Ihr Programm auszuliefern. Es ist Aufgabe der Anwender zu überprüfen, ob ihre Anforderungen erfüllt wurden, indem sie eine Reihe von Tests durchführen, die sich an denen orientieren können, die Sie in der Testphase des Gesamtsystems durchgeführt haben. Sie sollten die Tests überwachen und bei ihnen, falls notwendig, hilfreich zur Seite stehen und sich alle Mängel notieren. Diese Phase ermöglicht es den Anwendern auch, die letztendliche Schnittstelle zum Programm zu bewerten und weitergehende Verbesserungsvorschläge zu machen.

Der Akzeptanztest kann einen Fehler im Pflichtenheft ans Tageslicht bringen, der für die Korrektur eine vollständige Wiederholung des Entwicklungsprozesses erforderlich macht. Allerdings ist es wahrscheinlicher, daß Sie Mängel bereits in der Entwurfs- oder Implementierungsphase entdecken, wobei nur teilweise Wiederholungen erforderlich werden. Sie sollten nicht erwarten, daß Sie den Akzeptanztest durchlaufen, ohne daß die Anwender einige Mängel entdecken. Daher ist es gängige Praxis, wenigstens zwei Durchläufe des Softwareentwicklungsprozesses einzuplanen.

Abschließend läßt sich festhalten, daß Sie Ihr Projekt beginnen, indem Sie die Anforderungen der Anwender ermitteln, die Sie dann zu erfüllen versuchen, indem Sie eine zusammengenommen Softwareentwicklungsprozeß genannte Folge von Tätigkeiten durchführen. Dies gipfelt dann darin, daß Sie Ihre Arbeit den angesprochenen Anwendern zur Beurteilung vorlegen, damit diese bewerten, wie nahe Sie ihren Anforderungen gekommen sind. Der Softwareentwicklungsprozeß ist abgeschlossen, sobald die Anwender das Programm als ihren Anforderungen genügend erachten.

Verwendete Literatur

1. Schach, S. R.:
   Software Engineering, Aksen Associates, 1993
2. Myers, G. J.:
   The Art of Software Testing, John Wiley, 1979
3. Sommerville, I.:
   Software Engineering, Addison-Wesley, 1996
4. McConnell, S.:
   Code Complete, Microsoft Press, 1993

Bibliographie

Es folgen zehn gute Informationsquellen für jeden Studierenden, der mit der Leitung eigener Softwareprojekte beginnt.

1. Code Complete, Steve McConnell,
   Microsoft Press, 1993, ISBN 1-55615-484-4
   Ein Referenzbuch für Praktiker mit vielen Beispielen und unterstützenden Statistiken.

2. Doing Your Research Project, Judith Bell,
   Open University, 1995, ISBN 0-355-19094-4
   Obwohl für Erziehungs- und Sozialwissenschaftler gedacht, sind die praktischen Ratschläge in diesem schmalem Band von sehr viel größerer Bedeutung.

3. Essential Visual Basic 4.0 *Fast*, J.R. Cowell,
   Springer-Verlag, 1996, ISBN 3-540-19998-5
   Visual Basic ist ein gutes Werkzeug zum Erstellen von Prototypen, und dies ist ein hervorragendes Buch über dessen Einsatz.

4. A Guide to Usability, Jenny Preece,
   Open University, 1993, ISBN 0-201-62768-X
   Eine gute Einführung in Anwendbarkeit und deren Bewertung. Wenn Sie Ihre Software interessanter für Ihre Kunden gestalten wollen, lesen Sie diesen kurzen Text.

5. Poem for the Day, Nicholas Albery (Hrsg.),
   The Natural Death Centre, 1995, ISBN 1-85619-499-X
   „... wie medizinische Forschungen an der Universität von Bristol zeigen,
   ist das Lesen von Gedichten ein ebenso gutes Heilmittel gegen Depressio-
   nen, wie Pillen" ... deswegen empfehle ich dieses Buch für jene alles
   andere als perfekten Tage. Es läßt sich leichter transportieren als ein
   Fernseher und wirkt schneller und anhaltender als Alkohol.

6. Professional Awareness in Software Engineering, Colin Myers (Hrsg.)
   McGraw Hill, 1995, ISBN 0-07-707837-3
   Diese Zusammenstellung aus der umfassenderen Perspektive eines Pro-
   fessionellen ist ein erfrischendes Gegenmittel gegen die häufig enge
   Fixierung auf ein Projekt.

7. Software Engineering, Stephen R. Schach,
   Aksen Associates, 1993, ISBN 0-256-12998-3
   Ein A-Z der Softwareentwicklung mit einem fast ebenso einfachen
   Zugang.

8. Software Engineering with Student Project Guidance, Barbee Teasly
   Mynatt, Prentice Hall, 1990, ISBN 0-13-826231-4
   Eine klare und praktische Einführung in die Anwendung der Software-
   entwicklung auf ein Studentenprojekt.

9. Statistics in Practice – an Illustrated Guide to SPSS, Basant K. Puri,
   Arnold, 1996, ISBN 0-340-66209-3
   Falls Sie ein Licht benötigen, das Ihnen einen Weg durch die „schwarze
   Kunst" der Statistik weist, empfehle ich dieses kurze und praxisorien-
   tierte Buch.

10. The Management of a Research Student Project, K. Howard & J.A.
    Sharp, Gower, 1991, ISBN 0-566-00613-8
    Dieser schmale Band basiert auf den Erfahrungen der Autoren mit der
    Beaufsichtigung von PhDs am Bradford Management Centre, und
    obwohl sie sich nicht auf die Softwareentwicklung beziehen, sind ihre
    Ratschläge zur Leitung von Forschungsprojekten eine wahre Fundgrube
    für den Leser.

Anhang

A.14
Ein Beispiel für ein Anforderungsprofil

System zur Vorhersage des Goldpreises

ANFORDERUNGSPROFIL

Zusammenfassung
Sondierung des Einsatzes eines Neuronalen Netzes mit Fehler-Backpropagation (engl. Error Back Propagation Neural Network = EBPNN) für die Vorhersage der Dynamik des Goldpreises, wie er an der Londoner Börse notiert wird.

Übersicht

- Goldpreise (Schlußnotierung, Tageshöchst- und Tagesniedrigstpreis) werden täglich in der Zeitung Financial Times (FT) veröffentlicht. In der Universitätsbibliothek sind zurückliegende Exemplare vorhanden, aus denen der Kursverlauf während der letzten fünf Jahre zusammengetragen werden kann.
- Neuronalen Netzen wird die Fähigkeit nachgesagt, lernen zu können, und in den meisten Berichten über erfolgreiche Anwendungen werden EBPNNs verwendet.
- Erforschung des Trainierens eines EBPNN mit einer Teilmenge der Goldpreisdaten, z.B. aus den ersten zwei Jahren, und Testen der Fähigkeit zur Vorhersage der Preisänderungen für die nachfolgenden zwei Wochen.

- Erforschung der Nützlichkeit von zusätzlich in das Vorhersagemodell einbezogenen ökonomischen Metriken, z.B. FT100-Index usw.
- Untersuchung der Auswirkung von unterschiedlich vielen Eingabedaten und Ebenen im EBPNN auf die Vorhersageleistung.

Bibliographie

1. Kursnotizen für die Veranstaltung im vierten Jahr über „Neuronale Netze", zu denen eine ausführliche Literaturliste gehört.
2. *Introducing Neural Networks*, Alison Carling, Sigma Press, UK, 1992, ISBN 1-85058-174-6.
3. Understanding Neural Networks – Computer Explorations, Maureen Caudhill & Charles Butler, MIT Press, USA & UK, 1992, ISBN 0-262-53099-6.

A.15
Übersicht eines Projektplans

„System zur Vorhersage des Goldpreises"

PROJEKTPLAN (VERSION 1.0)

Projekttätigkeiten	Meilensteine		
	Dauer (Anzahl Wochen)	Projektergebnisse	zur Woche
	0	Anforderungsprofil	0
(Anforderungsanalyse); Einarbeitung in Goldpreisschwankungen & neuronale Netze zu Vorhersagezwecken; Goldpreise zusammentragen	1–3	(Pflichtenheft); erster Entwurf des Einführungskapitels (Goldpreisschwankungen & neuronale Netze); Datei mit den Daten von Goldpreisen aus fünf Jahren	3
Stufe 1			
(Design); Entwickeln des Designs für das neuronale Netz mit Fehler-Backpropagation (EBPNN)	4–5	(Designspezifikation der Stufe 1); **PDL für das EBPNN**	5
(Implementierung); Programmieren des EBPNN	6	(Implementierungsspezifikation und Softwaremodule – Stufe 1); **EBPNN-Modul(e)**	6
(Testen); Test für EBPNN-Modul(e) spezifizieren und ausführen	7–9	(Testspezifikation für Stufe 1); **Testspezifikation für EBPNN**	7
		(Testberichte für Stufe 1) **Testberichte für EBPNN**	9
(Bericht); Kapitel des Projektberichts mittels der Spezifikationen vorbereiten	10	(Bericht für Stufe 1); **erster Entwurf des Kapitels über das EBPNN-Design, d.h. Methodikkapitel**	10

Projekttätigkeiten		Meilensteine	
	Dauer (Anzahl Wochen)	Projektergebnisse	zur Woche

Stufe 2

(Design); Design des EBPNN verfeinern	11–13	(Designspezifikation – Stufe 2); **PDL für verfeinertes EBPNN**	13
(Implementierung); Programmieren des verfeinerten EBPNN	14–15	(Implementierungsspezifikation und Softwaremodule – Stufe 2); **verfeinerte EBPNN-Modul(e)**	15
(Testen); Test für verfeinerte(s) EBPNN-Modul(e) spezifizieren und ausführen	16–19	(Testspezifikation für Stufe 2); **Testspezifikation für verfeinertes EBPNN**	16
		(Testberichte für Stufe 2) **Testberichte für verfeinertes EBPNN**	19
(Bericht); Projektbericht vervollständigen	20	(Bericht für Stufe 2); **Entwurf des vervollständigten Projektberichts**	20
(Ausführung & Wartung)		(Benutzerhandbuch)	

A.16
Übersicht eines Projektberichts

System zur Vorhersage des Goldpreises – Projektbericht (Version 1.0)

Abschnitt	Umfang (Seiten)
(Titel) System zur Vorhersage des Goldpreises	1
(Danksagung)	1
Inhalt	1
Zusammenfassung	1
Einführung	15
Methodik	15
Ergebnisse	10
Schlußfolgerungen	8
Empfehlungen	3
Verwendete Literatur	1
Bibliographie	1
Glossar	2
Index	1
Anhänge	
Quelltext-Listings	
Testanordnungen	
Ausführliche Ergebnisse	
Projektplan	

A.17
Beispielagenda für ein Projekt-Meeting

Projekt zur Vorhersage des Goldpreises

Meeting-Agenda

1. **Fortschritt**
   1.1 Anforderungsprofil (2 Min.)
   1.2 Anforderungsanalyse (10 Min.)

2. **Planung**
   2.1 Anforderungsanalyse und Pflichtenheft vervollständigen (10 Min.)
   2.2 Ausführliches Design für Phase 1 (20 Min.)

3. **Sonstiges**
   3.1 Ungenügender Zugang zu Entwicklungsrechnern (2 Min.)
   3.2 Upgrade des C-Compilers? (2 Min.)
   3.3 Vorführung vor dem Verbindungsausschuß der Universität (2 Min.)
   ...

4. **Nächstes Meeting** (2 Min.)

A.18
Beispielbericht eines Projekt-Meetings

Projekt zur Vorhersage des Goldpreises

MEETING-BERICHT

Zeit: 14.00–15.00 Uhr, 29. Februar 1994 (Ende der zweiten Woche des Projektplans)

Anwesend: Dr. A. Einstein & Hans Mustermann

1. Fortschritt

   1.1 Anforderungsprofil ist annehmbar, sobald kleinere Änderungen durchgeführt wurden. HM erstellt eine aktualisierte Fassung.

   Handlung: HM

   1.2 Entwurf 1 der Anforderungsanalyse wurde besprochen.

   Seite 2, Abschnitt 1.1: Erklärung unklar; neu entwerfen

   Handlung: HM

   Seite 3, Abschnitt 1.4: Flußdiagramme würden das Verständnis fördern; neu entwerfen

   Handlung: HM
   ......

2. Planung

Es läuft alles wie geplant; aktueller Plan vom 21.02.94.

   2.1 Bis zum Ende der Woche 3 Anforderungsanalyse vervollständigen und Pflichtenheft erstellen.

2.2 Ausführliches Design für Phase 1 ist für die Wochen 4–5 einge-
plant.

3. Sonstiges

3.1 Ungenügender Zugang zu Entwicklungsrechnern

AE wird auf der Fachbereichssitzung (3. März) versuchen, das
Personal von einem Belegungssystem für Projekte mit bevorzug-
tem Zugang außerhalb der üblichen Laborzeiten zu überzeugen.

Handlung: AE

3.2 Upgrade des C-Compilers?

Anschaffung des Softwareupdates auf Version 6.3 veranlassen

Handlung: AE

3.3 Vorführung vor dem Verbindungsausschuß der Universität

HM bereitet eine Vorführung des Schachspiels „robot arm" für
den Besuch des Verbindungsausschusses der Universität am
Dienstag, den 7. März von 14.00–15.00 Uhr vor. Die Demo soll
zum nächsten Projekt-Meeting fertig vorliegen.

Handlung: HM

4. Nächstes Meeting (2 Min.)

Nächstes Meeting am 6. März von 14.00–15.00 Uhr im Büro von
AE; AE versorgt uns mit Berlinern!

Handlung: AE

Meeting endete um 14:55 Uhr

A.19
Übersicht eines Lebenslaufs

Lebenslauf von Joseph Alfonse SOAP

Geburtsdatum: 31. September 1972

Geburtsort: Halifax, Yorkshire

Semesteranschrift: Flat 21, 23 Hilltop Street, Newtown.

                             Tel: (3423) 123 1231

Heimatadresse: Wuthering Heights, Heckmondwyke,
                             Yorkshire.

                             Tel: (0643) 453 2322

Dauer des Studium: Oktober 1994 – Juni 1998

Angestrebter   Honours BSc (Upper Second) in Angewandter
Abschluß: Informatik

Kurse (und Ergebnisse) des 1. Jahres

Einführung in die Softwareentwicklung I	65 %
Datenstrukturen & Algorithmen I	73 %
Informationstechnologie I	67 %

Kurse (und Ergebnisse) des 2. Jahres

Einführung in die Softwareentwicklung II	69 %
Datenstrukturen & Algorithmen II	70 %
Informationstechnologie II	69 %

Kurse (und Ergebnisse) des 3. Jahres

Programmierung grafischer Benutzerschnittstellen	60 %
Mensch-Computer-Interaktion	63 %
Softwareentwicklung I	72 %

Softwareentwicklung II	68 %
Systemarchitektur & Betriebssysteme	65 %
Gruppenprojekt	67 %

Kurse (und Ergebnisse) des 4. Jahres

Computer Vision	63 %
Künstliche Intelligenz	64 %
Internet-Programmierung	66 %
Betriebswirtschaftslehre	69 %
Projekt	72 %

Titel:	Einsatz neuronaler Netze zur Vorhersage von Börsenkursen
Unter der Leitung von:	Dr. A. Einstein
Zusammenfassung:	Einsatz eines Neuronalen Netzes mit Back-Propagation zur Vorhersage der Dynamik in den Goldpreisschwankungen an der Londoner Börse.

Tätigkeiten außerhalb des Lehrplans:

Mitglied des Schwimmteams der Universität	1994–1996
Mitglied des Wanderklubs der Universität	1994–1998
Mitglied der Gesellschaft für öffentliches Reden	1994–1998
Studentisches Mitglied der British Computer Society (BCS)	1994–1998
Sekretär des studentischen Zweigs der BCS	1996–1997

Glossar

Anforderungsprofil: Eine auf vielleicht ein bis zwei Seiten beschränkte kurze Beschreibung der Anforderungen des Auftraggebers. *Siehe Pflichtenheft.*

Auszug: Eine kurze Zusammenfassung eines längeren Schriftstücks oder einer umfangreicheren Arbeit. Einige Zeitschriften verlangen für eingesandte Aufsätze die Beilage eines kurzen Textauszugs mit 50–100 Wörtern. In ähnlicher Weise werden einige Konferenzvorlagen einzig aufgrund eines 200–300 Worte umfassenden Auszugs bewertet.

Benutzerhandbuch: Ein Dokument, das alle Informationen umfaßt, die ein Anwender benötigt, um eine Software zu bedienen, und das in einer Art geschrieben ist, die der Leser ohne weiteres verstehen kann.

Debuggen: Das Herausfinden der Ursache eines Fehlers und dessen Beseitigung.

Designspezifikation: Die Beschreibung eines Bestandteils der Software, vielleicht in einer Program Design Language (PDL) geschrieben, das genügend Einzelheiten enthält, damit das Design ohne weiteres in eine bestimmte Programmiersprache übersetzt werden kann. *Siehe Programmierung.*

Glossar: Eine in alphabetischer Reihenfolge angeordnete Zusammenstellung der Erklärungen von Fachausdrücken. Es stellt einen gesonderten Abschnitt dar, damit Leser, die mit den Fachausdrücken nicht vertraut sind, die vom Autor beabsichtigte Bedeutung erfahren und damit

Leser, denen die Fachausdrücke geläufig sind, nicht durch unnötige Erklärungen im Lesefluß unterbrochen werden.

Implementierungsspezifikation: Diese ist eines der auszuliefernden Projektergebnisse aus der Programmierungsphase bei der Softwareentwicklung. Es handelt sich bei ihr um ein Dokument, das eine Beschreibung des Programmcodes enthält.

Internet: Ein internationales Kommunikationsnetzwerk, in dem Computer per Telefonkabel, Funkverbindung oder Glasfaserkabel miteinander verbunden sind. Die meisten Universitäten und Firmen der Welt sind im Internet vertreten und können über dieses Mitteilungen per E-Mail austauschen, Software gleichzeitig nutzen und ihre Dienste anbieten.

Kodierung: Übersetzung eines ausführlichen Designs, möglicherweise in einer Program Design Language (PDL) geschrieben, in eine Computer- bzw. Programmiersprache.

Pflichtenheft: Eine ausführliche Beschreibung und Ergänzung der Anforderungen des Auftraggebers, das auf dessen Anforderungsprofil basiert. Mit ihm wird beabsichtigt, Antworten auf alle Fragen zu geben, die einem Softwareentwickler beim Entwerfen einer Lösung in den Sinn kommen.

Projekt: Ein üblicherweise von einigen Wochen bis zu mehreren Monaten dauernder Arbeitsprozeß, mit dem es Studenten ermöglicht wird, die erlernten Fähigkeiten anzuwenden und weiterzuentwickeln.

Rapid-Prototyping: Das Entwickeln eines Prototyps einer Software, um dem Auftraggeber eine (eingeschränkte) Vorabansicht auf das mögliche Endprodukt zu gewähren. Es handelt sich dabei um die Softwareentsprechung zum Polystyrolmodell des Industriedesigners und wird verwendet, um das „Look and Feel" eines Systems vorzuführen. Genau so, wie es selbstverständlich ist, daß das Polystyrolmodell nicht Bestandteil des fertigen Geräts sein wird, muß auch verstanden werden, daß der Prototyp letztendlich nicht unbedingt weiter verfolgt werden muß. Sollte ein Prototyp aufgegeben werden, so können die üblichen mit der

Softwareentwicklung verbundenen Tätigkeiten zur Qualitätssicherung, wie beispielsweise ein ausführliches Design und intensive Tests, übergangen werden.

Schrittweise Verfeinerung: Eine allgemeine Herangehensweise, um ein Problem zu lösen, bei der ein Problem, das zu umfangreich für eine einfache Lösung ist, in kleinere Teilprobleme aufgespalten wird, die nun aufgrund ihres verringerten Umfangs einer Lösung zugänglich sein können. Falls nicht, wird der Prozeß wiederholt. Letztendlich wird das Problem in eine Reihe von Teilproblemen aufgespalten sein, die klein genug sind, um gelöst zu werden.

Testbericht: Ein Dokument, das die Ergebnisse eines Tests einschließlich der unerwarteten Ergebnisse aufführt. *Siehe Testspezifikation.*

Testspezifikation: Mit ihr werden zumindest alle für das Testen eines Moduls benötigten Eingabekombinationen und vorhergesagten Ergebnisse dokumentiert. *Siehe Verzweigungstest und „White-Box"-Tests.*

Validierung: Unter Validierung sind die Überprüfungen zu verstehen, die sicherstellen, daß die Ergebnisse einer Softwareentwicklungsphase den Anforderungen des Auftraggebers entsprechen. *Siehe Pflichtenheft.*

Verifikation: Unter Verifikation sind die Überprüfungen zu verstehen, die sicherstellen, daß die Ergebnisse einer Softwareentwicklungsphase den Eingangsvorgaben dieser Phase entsprechen, z.B. ob der Quelltext eines Moduls Fehler enthält oder nicht.

Verzweigungstest: Mit einem Verzweigungstest untersuchen Sie das Design eines Moduls und ermitteln in ihm jede mögliche Verzweigung. Vorausgesetzt, das Modul besitzt nur einen Eingabeparameter, probieren Sie dann verschiedene Werte für diesen Parameter aus, mit denen das Programm gezwungen wird, jeder einzelnen Verzweigung mindestens einmal zu folgen. Bei Modulen mit mehreren Eingabeparametern probieren Sie diejenigen Wertekombinationen aus, mit denen jede Verzweigung durchlaufen wird. Dabei sagen Sie vor dem Durchlaufen des Tests die entsprechenden Ergebnisse voraus, die das Modul Ihrer Erwartung nach liefern wird.

„**White-Box**"**-Tests:** Eine Sammlung von Testverfahren, die Ihnen dabei helfen, Fehler in Routinen zu entdecken, deren Programmstruktur Ihnen bekannt ist. Zu den „White-Box"-Techniken gehören das Austesten von Ausdrücken, Verzweigungen und Abläufen. *Siehe Verzweigungstest.*

World-Wide-Web (WWW): Eine alternative Sichtweise auf die im Internet verfügbaren Informationen. Sie können mit Microsofts *Front Page* oder einem vergleichbaren Programm eine Web-Seite erstellen, die Informationen enthält, die Sie anderen mitteilen wollen. Ihre Web-Seite machen Sie dann für andere Internet-Anwender zugänglich, indem Sie die Web-Seite mit einem Web-Server verbinden.

Zeitmanagement: Der Begriff „Zeitmanagement" besagt, daß Sie Ihren Arbeitstag in Zeitabschnitte aufteilen. Sie ermitteln die Ziele, die Sie erreichen möchten und welche Reihe von Aufgaben erledigt werden muß, um diese Ziele zu erreichen. Dann schätzen Sie ab, wieviel Zeit Sie benötigen werden, um jede dieser Aufgaben zu erledigen. Anschließend können Sie Ihre Zeit demgemäß zuweisen.

Stichwortverzeichnis

Danksagungen

Viele verschiedene Menschen haben mir geholfen, dieses Buch fertigzustellen. Da ich nicht alle nennen kann, möchte ich zunächst all denen danken, die mir geholfen haben, im folgenden jedoch unerwähnt bleiben.

Weiter möchte ich Beverly und dem Team beim Springer-Verlag für die Unterstützung und Ermunterung danken.

Ich möchte all meinen Lehrern danken, deren Kurse ich durchlaufen habe. Sie beeinflussen mich immer noch.

Ferner möchte ich den Studenten und den Mitarbeitern des Instituts für Angewandte Informatik an der Universität Dundee danken, die mich die Erfahrungen machen ließen, welche in das Buch einflossen.

Ich möchte meinen Eltern sowie James und Andrea danken. Ich hoffe, Ihr seid mit dem Ergebnis zufrieden.

Außerdem möchte ich meiner Frau Nora für die letzten 25 Jahre und meinen Kindern Ben und Joan danken, die ich stolz immer noch als meine Kinder bezeichne, obwohl sie keine mehr sind.

Schließlich möchte ich Ihnen, dem Leser, danken. Ich weiß, daß ich als alleiniger Autor für alle Fehler verantwortlich bin, die sich trotz all meiner Bemühungen immer noch in dem Buch finden. Ich hoffe, daß die Fehler Sie nicht daran hindern, Ihr Projekt erfolgreich zu verwalten.

Ian W. Ricketts